Kreative

Torten

Klassisch, modern und fantasievoll

EDITION XXL

Inhalt

Schwierigkeitsgrad:
(Angabe im Rezeptfoto links unten)

 leicht

 mittel

 schwer

Vorwort

Es gibt viele Anlässe, die man mit besonderen Köstlichkeiten feiern möchte: Hochzeit, Geburtstag, Jubiläum, Taufe, Kommunion oder Konfirmation. Eine kunstvoll hergestellte Torte, die nicht nur den Gaumen, sondern auch das Auge erfreut, ist hier genau das Richtige!

Ob cremig, fruchtig, raffiniert oder mit einem Schuss Alkohol – im vorliegenden Buch finden Sie Torten in verschiedenster Machart und mit vielfältigen Zutaten. Außer den Klassikern Schwarzwälder Kirschtorte, Käsesahnetorte oder dem beliebten Frankfurter Kranz können Sie sich von vielen neuen Rezepten verführen lassen.

So ist für jeden Geschmack, aber auch für jeden Schwierigkeitsgrad etwas dabei. Nicht jeder möchte gleich mit der Herstellung einer mehrstöckigen Hochzeitstorte beginnen, doch der Weg dorthin ist nicht unmöglich und kann mithilfe der ausführlich erklärten Rezepte und des umfangreichen Ratgebers gemeistert werden. Hier finden Sie alles, was Sie für die Tortenherstellung wissen müssen: wie man raffinierte Dekorationen kreiert, wie leckere Tortenfüllungen sicher gelingen und welche Hilfsmittel Ihnen die Arbeit erleichtern.

Trauen Sie sich – und werden Sie im besten Sinne des Wortes zum „Hochstapler" der Tortenkunst! Freuen Sie sich auf besondere Gaumenfreuden und garantierte Anerkennung durch Ihre Lieben und Ihre Gäste!

Viel Spaß und ein gutes Gelingen
wünscht Ihnen

Elisabeth Bangert

Ratgeber — Nützliche Werkzeuge

Elektrisches Handrührgerät

Zur Herstellung von Torten ist ein elektrisches Handrührgerät unverzichtbar. Sie benötigen es zum Schlagen von Cremes und Teigmassen. Achten Sie beim Kauf auf eine gute Qualität und eine ausreichende Leistung des Motors.

Standrührgerät

Mit einem Standrührgerät lässt sich besonders bequem arbeiten. Sie brauchen das Handrührgerät nicht zu halten und haben bei der Zugabe von Zutaten beide Hände frei. Im Handel sind Geräte mit einer Leistung von bis zu 1500 Watt erhältlich.

Rührschüsseln

Am besten sind rutschfeste Schüsseln aus Kunststoff mit abgerundetem Boden. Damit entsteht beim Rühren am wenigsten Lärm. Massen und Cremes können darin geräuscharm und ohne Spritzen und Anhaften gerührt werden.

Teigschaber

Zum restlosen Entfernen von Cremes und Bodenmassen aus der Rührschüssel ist ein Teigschaber sehr hilfreich.

Palette ③

Eine Palette ist für das schnelle und saubere Verstreichen von Tortencremes und Schokoladenglasur unerlässlich. Damit gelingt das Auftragen von gleichmäßigen Cremeschichten und Überzügen.

Konditormesser

Mit einem Konditorenmesser lassen sich Tortenböden besonders gut schneiden. Sie sind in verschiedenen Ausführungen erhältlich und lassen sich auch zum Verstreichen von Tortencremes und Schokoladenglasur verwenden.

Schneidehilfe

Wenn Sie einen Tortenboden waagerecht durchschneiden möchten, sollten Sie eine Schneidehilfe verwenden. Sie ist auch im Umfang verstellbar und verfügt über mehrere Ebenen, sodass Sie einen Tortenboden bis zu siebenmal waagerecht unterteilen können.

Tortenretter

Ein Tortenretter ist hilfreich, wenn Sie Ihre bereits fertige Torte von der Arbeits- auf die Kuchenplatte transportieren wollen. Er lässt sich unter die gesamte Fläche der Torte schieben, stabilisiert diese im Ganzen und verhindert so, dass Ihre Torte auseinanderbricht oder einzelne Schichten verrutschen. Tortenretter können aus Kunststoff, Edelstahl und Aluminium sein. Für schwere Torten sollte ein Tortenretter aus Edelstahl oder Aluminium verwendet werden. Produkte aus Kunststoff sind meistens mit einem Muster durchbrochen und können zusätzlich zum Verzieren durch Bestäuben mit Kakao oder Puderzucker verwendet werden.

Tortenring

Zum Füllen und Beschichten von Torten mit Creme, Früchten oder Sahne sollten Sie einen Tortenring zu Hilfe nehmen. Diese werden aus Edelstahl oder Kunststoff hergestellt und sind im Durchmesser regulierbar. Sollte einmal kein Tortenring vorhanden sein, können Sie Ihre Torte auch mit dem Ring der Springform versehen. Dieser sollte nach dem Backen des Tortenbodens und vor dem Einsatz als Tortenring gründlich gereinigt und getrocknet sein. Bedenken Sie dabei jedoch, dass sich der Ring lediglich lockern und nicht vollständig öffnen und abnehmen lässt. Beim Entfernen des Springformrings müssen Sie also sehr vorsichtig sein.

Scharfe Messer

Zum Putzen und Zerschneiden von Obst.

Zestenreißer

Damit lässt sich die Schale von Zitronen, Limetten oder Orangen schnell in feine Streifen (Zesten) reißen.

Spritzbeutel ②

Zum Verzieren von Torten mit Sahne und Cremes sowie zur Anfertigung von Baiserdekorationen. Der Aufsatz von verschiedenen Tüllen ermöglicht die Herstellung von Verzierungen in verschiedenen Formen und Größen.

Garnierkamm ①

Zum ornamentalen Verstreichen von Sahne- oder Cremeüberzügen, insbesondere am Tortenrand.

Karierholz

Ein Wellholz mit profilierter Oberfläche, zum Dekorieren von Marzipanüberzügen.

Arbeitsplatte aus Stein oder Marmor

Zum Ausrollen von Teig ist ein Backbrett aus Holz gut geeignet. Sollten Sie jedoch über eine Arbeitsplatte aus Stein verfügen, sind Sie insbesondere im Hinblick auf das Arbeiten mit Kuvertüre klar im Vorteil. Stein ist immer kalt, weshalb Verzierungen, die aus flüssiger Kuvertüre hergestellt werden, sofort abkühlen und sich gut von der Unterlage ablösen lassen. Ähnliche Vorzüge bietet auch eine Arbeitsplatte aus Glas.

Die Backformen

Springform

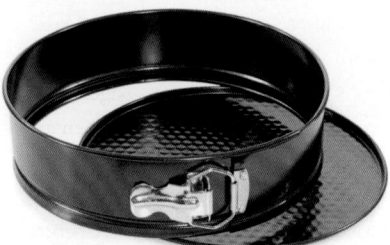

Springformen sind zur Herstellung von Torten unerlässlich. Sie sind in verschiedenen Ausführungen und Größen erhältlich. Eine gängige Größe, die in jedem Haushalt verfügbar sein sollte, ist eine runde Springform mit einem Durchmesser von 26 cm. Für die meisten Torten im vorliegenden Buch wird eine Form in dieser Größe verwendet. Gleichermaßen sinnvoll sind Springformen mit einem Durchmesser von 22 cm, 24 cm und 28 cm. Achten Sie auf eine gute Qualität und eine widerstandsfähige Beschichtung. Mittlerweile bietet der Handel Springformen mit keramischer Beschichtung: Auf dem Boden einer solchen Form kann der Kuchen oder die Torte ohne Beschädigung der Beschichtung direkt geschnitten werden. Außerdem findet keine chemische Reaktion zwischen dem Herstellungsmaterial der Form und dem Backgut statt, wodurch bedenkliche Auswirkungen auf die Gesundheit ausgeschlossen werden können. Jedoch verlieren die Messer beim Schneiden auf keramikbeschichteten Böden recht schnell an Schärfe und sollten dann hin und wieder nachgeschliffen werden.

Auch eine beschichtete Form sollte in jedem Fall vor dem Befüllen mit Teig eingefettet werden, damit ein Festbacken des Teigs ganz sicher vermieden wird.

Kranz-Springform

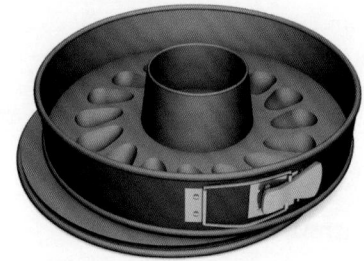

Die klassische Kranz-Springform ist in den handelsüblichen Größen von 18 bis 28 cm Durchmesser erhältlich. Sie ist notwendig zum Backen eines klassischen Frankfurter Kranzes.

Motiv-Springformen (Herzform)

Neben den Backformen in runder und rechteckiger Form sind Springformen in Herzform im Handel erhältlich. Auch damit lassen sich zauberhafte Torten für besondere Anlässe herstellen.

Backrahmen

Zur Herstellung von rechteckigen Torten ist die Verwendung eines Backrahmens zu empfehlen. Auch diese sind in verschiedenen Größen und Höhen erhältlich. Die meisten Backrahmen lassen sich in der Größe verstellen. Zum Backen wird der Backrahmen einfach auf ein Backblech gestellt und dann mit dem Teig befüllt.

Backblech

Backbleche werden beim Kauf eines Backofens in der Regel mitgeliefert, sie können aber auch nachgekauft werden. Sie werden aus verschiedenen Materialien hergestellt. Für den Elektrobackofen sind emaillierte Backbleche aus Stahl gut geeignet, da sie die Hitze gleichmäßig aufnehmen und verteilen. Die emaillierte Oberfläche ist im Hinblick auf chemische Reaktionen mit dem Backgut unbedenklich. Bleche aus Aluminium sollten vor dem Belegen mit Backwaren stets mit Backpapier ausgekleidet werden. Bei der Verwendung von beschichteten Backblechen ist vor jedem neuen Einsatz eine Überprüfung der Beschichtung notwendig. Sollte sie beschädigt sein, ist von einer weiteren Verwendung abzuraten oder die Auskleidung mit Backpapier zu empfehlen. Mittlerweile sind auch Bleche mit hochwertigen Beschichtungen erhältlich, die sich durch den Gebrauch nicht abnutzen und sehr einfach zu reinigen sind. Informieren Sie sich beim Kauf eines Herdes oder neuer Bleche genau über deren Vorzüge bzw. Nachteile oder Risiken.

Grundrezepte für Tortenböden

Biskuit

Zutaten:

6 Eier

180 g Zucker

1 Päckchen Vanillezucker

120 g Mehl

80 g Speisestärke

Butter und Semmelbrösel für die Form

Zubereitung:

Den Boden einer Springform (Ø 26 cm) mit Butter einfetten und dann mit Semmelbröseln ausstreuen. Der Rand sollte fettfrei bleiben, damit der Teig beim Backen gleichmäßig nach oben kommen kann. Den Backofen auf 180 °C (Umluft 160 °C) vorheizen. Die Eier aufschlagen und Eigelbe sowie Eiweiße trennen und in zwei Rührschüsseln geben. Die Eigelbe mit der halben Zuckermenge und dem Vanillezucker mit den Rührbesen des elektrischen Handrührgerätes schaumig rühren. Die Eiweiße mit etwas kaltem Wasser und den sauberen Rührbesen des elektrischen Handrührgerätes steif schlagen. Wenn der Eischnee fest zu werden beginnt, den restlichen Zucker einrieseln lassen und nochmals kräftig schlagen. Den Eischnee nach und nach auf die Eier-Zucker-Masse geben und vorsichtig unterheben. Nun das Mehl über die Mischung sieben und vorsichtig unterziehen. Den Teig in die Springform füllen, glatt streichen und im Backofen auf der mittleren Schiebeleiste 25–30 Minuten backen.

Den Biskuit herausnehmen, etwas abkühlen lassen und dann vorsichtig aus der Form lösen. Bevor der Biskuit zur weiteren Verarbeitung waagerecht durchgeschnitten wird, sollte er mindestens 3 Stunden geruht haben.

Wiener Masse

Bei der Wiener Masse handelt es sich durch die Zugabe von Fett um einen schweren Biskuit, der im Vergleich mit dem klassischen Biskuit auch anders hergestellt wird.

Zutaten:

5 Eier

120 g Zucker

abgeriebene Schale von 1 Zitrone, unbehandelt

1 Prise Salz

60 g Speisestärke

80 g Mehl

60 g Butter

Butter und Semmelbrösel für die Form

Zubereitung:

Den Boden einer Springform (Ø 26 cm) mit Butter einfetten und mit Semmelbröseln ausstreuen. Den Backofen auf 190 °C (Umluft 170 °C) vorheizen. Die Eier in eine Schüssel geben und mit dem Zucker, der Zitronenschale und dem Salz im Wasserbad (langsam erhitzen bis zu 36 °C) mit den Rührbesen des elektrischen Handrührgerätes auf höchster Stufe aufschlagen. Wenn die Temperatur von 36 °C im Wasserbad erreicht wurde, wird die Masse aus dem Wasserbad genommen und auf kleinster Stufe kalt weitergeschlagen. Die Speisestärke und das Mehl vermischen und über die Masse sieben. Die Butter schmelzen (nicht zu heiß werden lassen) und mit der Mehlmischung unter die Masse heben. Die Masse in eine Springform füllen und im Backofen auf der mittleren Schiebeleiste 30–40 Minuten backen. Den Biskuit 15 Minuten in der Form abkühlen lassen, dann vorsichtig aus der Form lösen und auf einem Kuchengitter abkühlen lassen. Vor dem Durchschneiden mindestens 3 Stunden ruhen lassen.

Mürbeteig

Mürbeteig wird hinsichtlich der Zutaten Zucker, Butter und Mehl im Verhältnis 1:2:3 hergestellt. Anstelle von Zucker kann auch Puderzucker verwendet werden, der diesen Teig besonders mürbe macht.

Zutaten:

200 g Butter

100 g Zucker oder Puderzucker

300 g Mehl

Butter für die Form

Zubereitung:

Die Butter in Flöckchen zum Zucker geben und verkneten. Das Mehl darübersieben und alles zu einem geschmeidigen Teig verarbeiten. In Pergamentpapier gewickelt ca. 1,5 Stunden m Kühlschrank ruhen lassen. Den Backofen auf 180 °C (Umluft 160 °C) vorheizen. Eine Backform (am besten eine Springform Ø 26 cm) etwas mit Butter einfetten. Den Teig auf einer bemehlten Arbeitsfläche zu einer Teigplatte in der Größe der Form ausrollen und hineinlegen. Auf der mittleren Schiebeleiste je nach Dicke 15–20 Minuten im Backofen backen. Herausnehmen, etwas abkühlen lassen und vorsichtig aus der Form lösen.

Grundrezepte für Tortencremes

Läuterzucker

Bei Läuterzucker handelt es sich um eine gereinigte Zuckerlösung. Bei der Herstellung wird Zucker mit Wasser aufgekocht. Dabei sammeln sich die im Zucker enthaltenen Verunreinigungen an der Oberfläche und können abgeschöpft werden. Läuterzucker eignet sich gut für die Herstellung von Tortencremes, weil sich seine im Verhältnis zu Haushaltszucker wesentlich kleineren Zuckerkristalle recht gut in kalten Sahne- oder Crememassen auflösen. In Kombination mit Fruchtsaft oder Alkohol können damit Tortenböden getränkt werden.

Blattgelatine auflösen

Zum Auflösen von Blattgelatine müssen die einzelnen Blätter zunächst 5–10 Minuten in kaltes Wasser eingeweicht werden. Jedes Gelatineblatt sollte einzeln – am besten nebeneinander – ins Wasser eingelegt werden. Dabei muss darauf geachtet werden, dass jedes Blatt von beiden Seiten gut benetzt wird. Nach dem Einweichen werden die einzelnen Blätter gut ausgedrückt und bei geringer Hitze in einem Topf zum Schmelzen gebracht. Mit einer kleinen, dem Topf zugefügten Menge der möglichst lauwarmen Zielflüssigkeit oder -masse wird die Gelatine dann auflöst. Die vollständig aufgelöste Gelatine kann nun in die Creme oder Masse bzw. Flüssigkeit eingerührt werden. Je nach gewünschter Konsistenz werden für 500 ml Flüssigkeit 6 Blatt Gelatine benötigt.

Buttercreme-Schmetterling

Zutaten: 1 runder Biskuitboden; 1 Portion französische Buttercreme; etwas Rum oder Cointreau; 100 g Marzipanrohmasse; 50 g Puderzucker; Kakaopulver; 8 Zuckerblumen

Zubereitung:

1. Den Biskuitboden zweimal horizontal durchschneiden. ⅓ der Creme für die Dekoration beiseitestellen. Den 1. Boden auf eine rechteckige Kuchenplatte legen und mit einer Palette dünn mit etwas Creme bestreichen. Den nächsten Biskuitboden darauflegen, mit etwas verdünntem Rum oder Cointreau tränken, wieder etwas Creme daraufstreichen und den letzten Boden auflegen. Zuerst die Creme oben und an den Seiten verteilen und anschließend glatt verstreichen. Torte in der Mitte durchschneiden und die Hälften gegeneinander auf die Kuchenplatte legen. Mit einem Garnierkamm den Rand entlangfahren.

2. Die Marzipanrohmasse mit dem gesiebten Puderzucker verkneten, flachdrücken, etwas Kakaopulver darübersieben und gut verkneten. Ein Schwänzchen und 2 Fühler formen. Mit einem Messer kleine Rillen in das Schwänzchen drücken.

3. In einen Spritzbeutel mit Lochtülle etwas von der zurückbehaltenen Creme einfüllen. Die Flügel mit geschwungenen Linien garnieren.

4. Mit einem Spritzbeutel mit Sterntülle je eine Rosette auf die Fühler setzen.

5. Die restliche Buttercreme mit etwas gesiebtem Kakaopulver dunkel einfärben. Mit dem Spritzbeutel mit Sterntülle den Rand des Schmetterlings mit kleinen Tupfen, das Innere mithilfe der Lochtülle mit 2 geschwungenen Linien verzieren. Die Zuckerblumen auf die Flügel und die Fühler setzen.

Achtung: Stellen Sie die Schmetterlingstorte für einen Kindergeburtstag her, dann verzichten Sie bei der Zubereitung auf den Zusatz von Alkohol!

Deutsche Buttercreme

Die Herstellung dieser Buttercreme ist nicht ganz einfach, da die Butter beim Aufschlagen ausflocken kann. Sollte das passieren, unterbricht man den Vorgang des Schlagens und stellt die Creme für ca. 15 Minuten in den Kühlschrank.

Zutaten: 250 ml Milch; 25 g Puddingpulver nach Belieben; 100 g Zucker; 250 g Butter oder Margarine; nach Belieben Rum- oder Vanillearoma bzw. echten Rum

Zubereitung: 200 ml Milch aufkochen. Mit der restlichen kalten Milch das Puddingpulver und den Zucker verrühren, nach Belieben etwas Rum- oder Vanillearoma (oder echtem Rum) hinzufügen. Den angerührten Pudding in die aufgekochte Milch geben und unter Rühren andicken lassen. Den Topf dann vom Herd nehmen und den Pudding abkühlen lassen. Den Pudding dabei mit Alufolie abdecken, damit er keine Haut bekommt. Anschließend den Pudding mit dem elektrischen Handrührgerät verrühren, die Butter oder die Margarine dazugeben und alles schaumig schlagen.

Französische Buttercreme

Zutaten: 2 frische Eier; 125 g Zucker; Vanille- oder Rumaroma; 300 g Butter oder Margarine; nach Belieben etwas Kakaopulver oder 50 g flüssige Schokolade, evtl. etwas Alkohol (z. B. Rum oder Cointreau)

Zubereitung: Die Eier mithilfe eines Schneebesens mit dem Zucker im Wasserbad (85 °C) schaumig schlagen. Nicht kochen lassen, da die Eier sonst gerinnen. Nach Belieben etwas Vanille- oder Rumaroma hinzufügen. Dann die Butter oder Margarine mit dem elektrischen Handrührgerät schaumig schlagen und die Eiermasse dazugeben. Alles nochmals schaumig aufschlagen. Zur Abwandlung des Rezeptes den Kakao oder die flüssige Schokolade einrühren. Ebenfalls kann etwas Alkohol hinzugefügt werden. Dieser sollte jedoch nach und nach in kleinen Mengen dazugegeben werden.

Canache-Creme

Zutaten: 250 ml Sahne; 350 g Kuvertüre; 200 g Margarine

Zubereitung: Die Kuvertüre fein hacken und im Wasserbad schmelzen. Die Sahne aufkochen und die Kuvertüre einrühren. Die Mischung erkalten lassen. Die Margarine schaumig schlagen und nach und nach die Kuvertüre-Sahne-Mischung zugeben. Alles gut vermischen und schaumig schlagen.

Blitz-Schoko-Buttercreme

Zutaten: 250 g Butter oder Margarine; 150 g Nuss-Nugat-Creme

Zubereitung: Nicht zu weiche Butter mit der Nuss-Nugat-Creme mit dem elektrischen Handrührgerät schaumig schlagen und nach Belieben weiterverwenden.

Quarkcreme

Zutaten: 6 Blatt weiße Gelatine; 250 ml süße Sahne; 2 EL Puderzucker; 1 kg Magerquark; 80 g Zucker; 1 Päckchen Vanillezucker; abgeriebene Schale von ½ Zitrone, unbehandelt

Zubereitung: Die Gelatine 5–10 Minuten in kaltem Wasser einweichen. Die gekühlte Sahne mit dem Puderzucker steif schlagen. Den Quark mit dem Zucker, dem Vanillezucker und der Zitronenschale vermischen und gut durchrühren. Die Gelatine aus dem Wasser nehmen, ausdrücken und in einem kleinen Topf schmelzen. Den Topf vom Herd nehmen und die Gelatine mit einer kleinen Menge der Quarkcreme verrühren. Zur übrigen Quarkcreme geben und unterrühren. Löffelweise die geschlagene Sahne hinzufügen und alles behutsam glatt rühren. Die Quarkcreme auf dem Tortenboden verstreichen, die Torte nach Belieben oder nach Rezept fertigstellen und zum Festwerden ca. 60 Minuten in den Kühlschrank stellen.

Joghurtcreme

Zutaten: 7 Blatt weiße Gelatine; 600 g Naturjoghurt; 50 g Zucker; 125 ml süße Sahne; 1 EL Puderzucker

Zubereitung: Die Gelatine 5–10 Minuten in kaltem Wasser einweichen. Den Joghurt mit dem Zucker verrühren. Die gekühlte Sahne mit dem Puderzucker steif schlagen. Die Gelatine ausdrücken und in einem kleinen Topf schmelzen. Den Topf vom Herd nehmen, etwas von der Joghurtcreme dazugeben und die Gelatine damit verrühren. In die restliche Joghurtcreme einrühren und löffelweise die geschlagene Sahne unterheben. Alles behutsam durchmischen. Die Joghurtcreme auf den Tortenboden streichen und die Torte nach Rezept fertigstellen. Im Kühlschrank ca. 60 Minuten kühlen.

Creme mit weißer Schokolade

Zutaten: 150 g weiße Kuvertüre; 4 Blatt weiße Gelatine; 2 Eier; 200 g Magerquark; 200 ml süße Sahne

Zubereitung: Die Gelatine 5–10 Minuten in kaltem Wasser einweichen. Die Sahne steif schlagen. Die Kuvertüre zerkleinern und im heißen Wasserbad schmelzen. Die Gelatine ausdrücken und in einem kleinen Topf schmelzen. Den Topf vom Herd nehmen, etwas von dem Quark dazugeben und die Gelatine damit verrühren. Die Eier in einer Schüssel verquirlen und im Wasserbad schaumig rühren. Die Schüssel aus dem Wasserbad nehmen und die Kuvertüre und die Gelatine dazugeben. Alles gut verrühren und mit dem Quark vermischen. Zuletzt löffelweise die Sahne unterheben. Die Schokoladencreme auf den Tortenboden streichen und die Torte nach Rezept fertigstellen. Zum Festwerden ca. 60 Minuten in den Kühlschrank stellen. Die Creme kann auch mit Vollmilch- oder Zartbitterkuvertüre hergestellt werden. Bei der Verwendung von Zartbitterkuvertüre sollte gegebenenfalls noch etwas Zucker hinzugefügt werden.

Verzieren mit Schokolade

Kuvertüre

Bei Kuvertüre (von franz. *couvert* = bedeckt) handelt es sich um eine hochwertige Schokolade mit einem hohen Kakaoanteil. Sie ist zur Herstellung von Schokoladendekorationen und als Zusatz von Cremes oder Füllungen gut geeignet. Im Handel sind Zartbitter-, Vollmilch- und weiße Kuvertüre erhältlich.

Blockschokolade

Blockschokolade ist viel preiswerter als Kuvertüre und besteht aus Kakao, Zucker und Pflanzenfett. Sie eignet sich gut zum Überziehen von Backwaren oder als Bestandteil von Schokoladencremes zum Füllen. Für anspruchsvolle Schokoladenornamente sollte jedoch besser Kuvertüre verwendet werden.

Schokoladenglasur

Schokoladenglasur ist im Handel als Fertigprodukt in Kunststoffbehältern oder Beuteln erhältlich, die direkt ins Wasserbad gelegt werden. Damit lassen sich Torten schnell und einfach überziehen.

Schokolade im Wasserbad schmelzen

Beim Wasserbad darf die zu erwärmende oder zu schmelzende Zutat nicht mit Wasser in Berührung kommen. Daher gibt man beispielsweise Schokoladenkuvertüre in eine metallene Schüssel oder in einen Topf, der über das Gefäß gestellt wird, in dem das Wasser erhitzt wird. Im Idealfall befindet sich der Topf oder die Schüssel nicht direkt im Wasser, sondern liegt mit dem Rand auf dem Rand des Wassertopfes auf, sodass die Schokolade lediglich durch den aufsteigenden heißen Wasserdampf geschmolzen wird. Beim Wasserbad sollte das Wasser zwar heiß sein, aber nicht kochen. Wenn man zuerst ⅔ der Kuvertüre schmilzt und dann das restliche ⅓ hinzufügt, bekommt die Glasur einen schönen Glanz.

Spritztüte basteln

Um z. B. filigrane Ornamente zu spritzen, ist eine Spritztüte unerlässlich. Diese können Sie mit wenig Hilfsmitteln und ohne großen Aufwand schnell selber basteln:

1. Schneiden Sie ein Stück Pergament- oder Backpapier von der Rolle und teilen Sie es in der Diagonalen.

2. Das eine Dreieck von einer schmalen Seite her zu einem Tütchen zusammenrollen.

3. Das Tütchen z. B. mit geschmolzener Kuvertüre füllen.

4. Das Tütchen am breiten Ende zuklappen, bis das Papier Druck auf das Tüteninnere ausübt. Vorne je nach gewünschter Stärke des Ornaments mit einer Schere abschneiden.

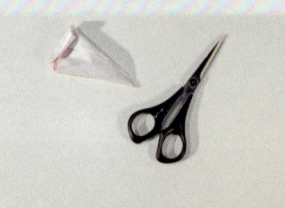

Kakao

Vor dem Verzieren mit Kakao sollten Sie eine Motivschablone aus festem Papier herstellen oder eine fertige Schablone benutzen. Um die Schablone später ohne Probleme von der Torte nehmen zu können, können Sie einen Papierstreifen an den Seiten befestigen. Die Schablone an der gewünschten Stelle auflegen, mit Kakao bestreuen und dann an den Haltestreifen wieder von der Torte nehmen.

Schokoladenornamente aus Kuvertüre

Zur Verarbeitung der Kuvertüre als Überzug, ausgestochene Form oder gespritztes Motiv muss diese temperiert werden. Verzweifeln Sie nicht bei den ersten Versuchen! Das Temperieren der Kuvertüre erfordert etwas Übung und Erfahrung, doch die Ergebnisse, die Sie erzielen, werden mit gekauften, maschinell hergestellten Produkten nicht vergleichbar sein.

Zubereitung:

1. Die Kuvertüre in große Stücke brechen, ⅔ davon in eine kleine, trockene Schüssel geben und diese in ein heißes Wasserbad stellen. Die Kuvertüre darf dabei nicht über 50 °C erhitzt werden. Sobald sich die Kuvertüre vollständig aufgelöst

hat – zwischendurch öfter rühren –, die Schüssel aus dem Wasserbad nehmen und die restliche, noch feste Kuvertüre dazugeben. Diese unter Rühren in der flüssigen Kuvertüre auflösen. Dann die Kuvertüre wieder vorsichtig unter Rühren im Wasserbad erwärmen, bis sie eine Temperatur von ca. 32 °C erreicht hat. Die Schüssel aus dem Wasserbad nehmen und der Kuvertüre das Kirschwasser beigeben. Dadurch wird die Kuvertüre beim Abkühlen härter.

2. Die Ornamentvorlage kopieren. Den Vordruck unter ein Stück Pergamentpapier legen. Das Pergamentpapier mit einem Stück Klebeband festkleben, damit es nicht verrutscht.

3. Kuvertüre in eine vorgefertigte Spritztüte geben, die Spitze mit einer Schere in der gewünschten Stärke abschneiden und die Ornamentvorlage mit der Kuvertüre nachfahren. Am besten am untersten Punkt des Ornamentes mit der Tüte ansetzen, leicht auf die Tüte drücken und in die Höhe ziehen. Den entstehenden Faden

dann entsprechend der Vorlage legen. Tütenspitze dabei nicht zu dicht über das Pergamentpapier halten, sonst sieht man nicht, was man spritzt. Die Ornamente ca. 15 Minuten fest werden lassen. Werden die Ornamente nicht fest, wurde die Kuvertüre zu warm verarbeitet.

4. Die Ornamente mit einer Palette oder einem Küchenmesser vorsichtig vom Pergamentpapier ablösen und auf einem Sahnetupfen auf dem Dessert oder der Torte dekorativ anbringen.

Verzieren mit Marzipan

Um Marzipanrohmasse aus dem Supermarkt weiterverarbeiten zu können, müssen Sie diese mit fein gesiebtem Puderzucker verkneten und zwar im Verhältnis zwei Teile Marzipanrohmasse zu einem Teil Puderzucker. Mit Lebensmittelfarbe oder Kakaopulver kann Marzipan eingefärbt werden. Achten Sie dabei darauf, dass die Farben nicht zu kräftig werden. Aus Marzipan können Sie Figuren formen oder aber auch Formen aus der ausgerollten Masse ausstechen. Lassen Sie Ihrer Fantasie freien Lauf!

Marzipanrosen

Zutaten:
50 g Marzipanrohmasse
25 g Puderzucker
rote und grüne Lebensmittelfarbe

Zubereitung:

1. Die Marzipanrohmasse mit dem fein gesiebten Puderzucker auf einer sauberen Arbeitsfläche verkneten.

2. ¾ des Marzipans flachdrücken und ein wenig rote Lebensmittelfarbe daraufgeben. Die Masse gut durchkneten, bis ein zartes Rosa entsteht. Das restliche Viertel ebenfalls flachdrücken, darauf etwas grüne Lebensmittelfarbe geben und die Masse gut durchkneten.

3. Das rosafarbene Marzipan zu einem ca. 1 cm dicken, gleichmäßigen Strang ausrollen.

4. Von dem Strang Stückchen mit einer Länge von ca. 0,5 cm abschneiden und diese mit flachen Händen zu runden Kugeln formen.

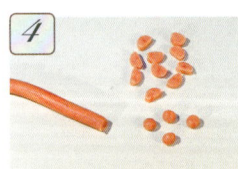

5. Für eine Rose ca. 7–8 Kugeln mit einem Teigschaber auf der Arbeitsfläche flachdrücken.

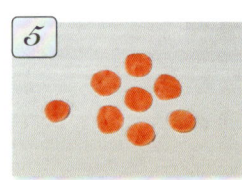

6. Die flachgedrückten Kugeln versetzt aufeinanderlegen und schichtförmig zu einer Rose zusammenrollen.

7. Das untere Ende der Rosenblüte gut zusammendrücken, damit sie nicht auseinanderfällt. Zwei weitere Rosen zusammensetzen.

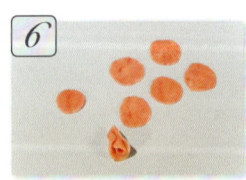

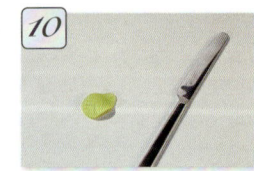

8. Ein Stück grünes Marzipan zu einer nahtlosen Kugel formen. An einer Seite etwas spitzer zulaufen lassen.

9. Die Kugel mit einem Teigschaber flach auf die Arbeitsfläche drücken.

10. Mit dem Messer kleine Einkerbungen in Form der Blattrippen ins Blatt drücken und dieses etwas gewellt auflegen. 2 weitere Blätter formen. Rosen und Blätter zu einer Komposition zusammenlegen.

Bärchen mit Herz

Zutaten:

100 g Marzipanrohmasse
50 g Puderzucker
50 g Zucker
½ TL Kakaopulver
rote Lebensmittelfarbe
½ TL Eiweiß
etwas Schokoladenglasur

Zubereitung:

1. Die Marzipanrohmasse mit dem fein gesiebten Puderzucker auf einer sauberen Arbeitsfläche verkneten.

2. Den Zucker unter geringer Wärmezufuhr in 20 ml Wasser auflösen.

3. Aus 50 g der Marzipan-Puderzuckermischung eine nahtlose Kugel formen. Die Kugel zu einem leichten Kegel rollen, der unten gerade aufsteht und oben leicht angeschrägt ist. Die Schultern des Bärchens ein wenig ausarbeiten.

4. 34 g der Marzipanmasse mit dem Handrücken flach drücken und das Kakaopulver darübersieben. Das Ganze gut durchkneten, bis es eine gleichmäßige braune Farbe hat. 3 g der Marzipanmasse flach drücken und ein wenig rote Lebensmittelfarbe daraufgeben. Auch diese Masse gut durchkneten, bis ein zartes Rosa entsteht.

5. 32 g der braunen Marzipanmasse abwiegen und daraus zwei nahtlose Kugeln mit je 6 g sowie zwei mit je 10 g formen. Die Kugeln leicht kegelförmig rollen und die Enden gerade abstumpfen.

6. Aus den kürzeren Kegeln werden die Arme und aus den längeren die Beine. Mit dem Finger die vier Kegel mit dem Zuckerwasser am Rumpf des Bärchens befestigen.

7. Aus 15 g der hellen Marzipanmasse eine nahtlose Kugel formen. An einer Seite spitz zu der Bärenschnauze formen und leicht eindrücken.

8. Aus jeweils 3 g der dunklen Masse 2 nahtlose Kugeln formen, leicht flachdrücken und mit dem Holzspieß Einkerbungen für die Ohren einarbeiten. Die Ohren mit Zuckerwasser am Hinterkopf des Bärchens befestigen. Ein kleines Kügelchen aus der dunklen Masse formen und auf die Bärenschnauze setzen. Mit dem Holzspieß Einkerbungen für die Augen bohren.

9. Die rosa Marzipanmasse zu einer nahtlosen Kugel formen und rollen. Die entstandene Rolle zusammenklappen und ein Herz formen.

10. In die Augenhöhlen des Bärchens aus einer Spritztüte Eiweißglasur spritzen. Für die Eiweißglasur das Eiweiß mit 3 Esslöffeln Puderzucker verrühren, bis eine feste Masse entsteht. Die Pupillen sowie Zehen- und Fingernägel des Bärchens mit Schokoladenglasur aus der zweiten Spritztüte andeuten.

Mango-Buttermilch-Cremetorte

Zutaten:

Für den Boden:

3 Eier
120 g Zucker
100 ml Sonnenblumenöl
100 ml Mangosaft
120 g Weizenmehl
½ Päckchen Backpulver
1 EL Kakaopulver
50 g Mandeln, gemahlen

50 g Kokosraspel
1–2 EL Rum

Für den Belag und die Creme:

12 Blatt weiße Gelatine
2 Mangos
150 ml Mangosaft

700 ml Buttermilch
120 g Zucker
4 EL Zitronensaft
200 ml süße Sahne
1 Päckchen weißer Tortenguss
1 EL Zucker
120 ml Weißwein

Außerdem:

Butter und Semmelbrösel für die Form

Zubereitung:

1. Den Backofen auf 200 °C (Umluft 180 °C) vorheizen. Eine Springform (Ø 24 cm) mit Butter einfetten und mit Semmelbröseln ausstreuen.

2. Die Eier und den Zucker cremig schlagen. Das Öl und den Saft unterrühren. Das Mehl mit dem Backpulver und dem Kakao mischen, darübersieben und unterrühren. Die Mandeln, die Kokosraspel und den Rum dazugeben und ebenfalls unterrühren.

3. Die Masse in die Form geben, glatt streichen und ca. 30 Minuten backen. Anschließend abkühlen lassen. Den Boden aus der Form lösen und mit einem Tortenring versehen. Die Gelatine in kaltem Wasser einweichen.

4. Die Mangos schälen und das Fruchtfleisch vom Stein schneiden. Die größeren Stücke in 1 cm dicke Spalten, das restliche Fruchtfleisch in kleine Stücke schneiden (siehe Abb. 1–5).

5. Den Mangosaft mit der Buttermilch, dem Zucker und dem Zitronensaft verrühren. Die Gelatine tropfnass in einen Topf geben und bei schwacher Hitze auflösen. 3 EL Mango-Buttermilch-Mischung unterrühren, dann die Gelatinemischung unter die restliche Buttermilchcreme rühren. Die Masse kalt stellen, bis sie fest zu werden beginnt. Die Sahne steif schlagen und mit den Mangostücken unter die Buttermilchcreme heben.

6. Die Masse auf den Boden im
Tortenring geben, glatt streichen
und kalt stellen, bis die Creme fest
geworden ist. Den Tortenring entfernen
und die Mangospalten auf die Torte legen. Den Tortenguss mit dem Zucker, dem Wein und 125 ml Wasser
anrühren, aufkochen und den Guss mit einem Löffel
auf der Torte verteilen. Fest werden lassen.

Schokoladen-Aprikosen-Torte

Zutaten:

Für den Teig:
6 Eier
1 Päckchen Vanillezucker
120 g Zucker
120 g Maismehl
1 ½ TL Backpulver
30 g Kakaopulver

Für die Creme:
400 g Zartbitterkuvertüre
400 ml süße Sahne

Außerdem:
Kakaopulver zum Bestäuben

Zum Belegen:
400–500 g frische, reife Aprikosen

Zubereitung:

1. Den Backofen auf 180 °C (Umluft 160 °C) vorheizen. Die Eier mit 6 EL heißem Wasser in einer Rührschüssel mit den Rührbesen eines Handrührgerätes 1 Minute schaumig schlagen. Den Vanillezucker und den Zucker unter Rühren einstreuen und die Masse weitere 7 Minuten kräftig schlagen. Das Mehl mit dem Backpulver und dem Kakao mischen, darübersieben und unterheben.

2. Eine Springform (Ø 26 cm) mit Backpapier auslegen, den Teig einfüllen und glatt streichen. Auf dem Rost im unteren Drittel des Backofens ca. 30 Minuten backen. Den fertig gebackenen Boden herausnehmen, kurz abkühlen lassen, den Springformrand lösen und entfernen. Den Boden auf ein mit Backpapier belegtes Kuchengitter stürzen und erkalten lassen. Das mitgebackene Backpapier vorsichtig abziehen.

3. Die Aprikosen überbrühen, kalt abschrecken, häuten, halbieren und entsteinen. Für die Creme die Kuvertüre in kleine Stücke zerteilen. Im heißen Wasserbad schmelzen, zur Seite stellen und etwas abkühlen lassen. Die Sahne steif schlagen und unter die abgekühlte, gerade noch flüssige Schokolade heben.

4. Den Kuchen einmal waagerecht durchschneiden. Um den unteren Boden einen Tortenring legen und ihn dünn mit Schokocreme bestreichen. Die Aprikosenhälften darauf verteilen und nochmals etwas Creme darübergeben. Den zweiten Boden daraufsetzen, leicht andrücken und den Tortenring entfernen.

5. Die Oberfläche und den Rand mit der restlichen Schokocreme bestreichen. Die Torte für mindestens 2–3 Stunden in den Kühlschrank stellen. Kurz vor dem Servieren mit Kakao bestäuben.

Großer Mohrenkopf
mit Aprikosen

Zutaten:

Für den Biskuit:
4 Eier
1 Prise Salz
125 g Zucker
1 Päckchen Vanillezucker
125 g Weizenmehl
20 g Speisestärke

Für die Füllung:
125 g Johannisbeergelee
1 EL Aprikosenlikör
5 Blatt weiße Gelatine
150 g weiße Kuvertüre
50 g Nugat oder Haselnusscreme
100 ml Orangensaft
400 ml süße Sahne
400 g reife Aprikosen

Zum Dekorieren:
150 g Schokoladenglasur
2 EL Kokosflocken
1 TL bunte Zuckerperlen

Zubereitung:

1. Den Backofen auf 180 °C (Umluft 160 °C) vorheizen. Die Eier trennen, die Eiweiße mit dem Salz zu einem steifen Schnee schlagen. Die Eigelbe mit 3 EL warmem Wasser, dem Zucker und dem Vanillezucker schaumig schlagen. Das Mehl mit der Stärke mischen und über die Eigelbmasse sieben, den Eischnee zugeben und alles zusammen vorsichtig unterheben.

2. Ein Backblech mit Backpapier auslegen und den Teig daraufstreichen, im Backofen ca. 15 Minuten backen. Aus dem Ofen nehmen, auf ein mit Zucker bestreutes Geschirrtuch stürzen und das Backpapier abziehen. Für die Füllung das Gelee mit dem Likör glatt rühren, den Teig damit bestreichen und ihn dann in ca. 2–3 cm breite Streifen schneiden.

3. Die Gelatine in reichlich kaltem Wasser einweichen. Die weiße Kuvertüre mit dem Nugat im heißen Wasserbad schmelzen. Die Gelatine ausdrücken. Den Orangensaft erwärmen und die Gelatine darin auflösen, das Gemisch dann zur Schokolade geben und untermengen. Unter gelegentlichem Rühren abkühlen lassen.

4. Die Sahne steif schlagen und kühl stellen. Die Aprikosen waschen, trocken tupfen, halbieren, entsteinen und in kleine Würfel schneiden. Zur Kuvertüre geben und untermengen, sobald die Kuvertüre fest zu werden beginnt. Nun ebenso die Sahne unterheben.

5. Eine Schüssel oder Eisbombenform (Fassungsvermögen 1–1,5 l) mit Frischhaltefolie auslegen und ¼ der Creme einfüllen. Darauf eine Schicht Biskuitstreifen legen, anschließend ⅓ der übrigen Creme darauf verteilen. Wieder eine Schicht Biskuitstreifen und die restliche Creme hineinschichten. Mit einer Schicht Biskuit abschließen. Die Schüssel für mindestens 4 Stunden in den Kühlschrank stellen und die Creme fest werden lassen.

6. In der Zwischenzeit die Schokoladenglasur im heißen Wasserbad schmelzen. Die Form aus dem Kühlschrank nehmen und die Kuppeltorte auf eine Platte stürzen. Die Folie abziehen und die Torte mit der Glasur überziehen. Mit Kokos und Zuckerperlen bestreuen und die Glasur erstarren lassen.

Tipp:

Ohne Aprikosenlikör ist die
Torte auch sehr gut für den
Kindergeburtstag geeignet.

Erdbeer-Joghurt-Torte

Zutaten:

Für den Mürbeteig:
150 g Weizenmehl
1 TL Backpulver
1 Ei
50 g Zucker
1 Päckchen Vanillezucker
90 g weiche Butter

Für den Biskuitteig:
3 Eier
1 Eigelb
60 g Zucker
1 Päckchen Vanillezucker
60 g Weizenmehl
1 Msp. Backpulver

Für die Füllung:
3 Blatt weiße Gelatine
40 g Speisestärke
200 ml Apfelsaft
60 g Zucker
2 EL Zitronensaft
400 ml süße Sahne
200 g Naturjoghurt
250 g Erdbeeren

Für den Belag:
250 g Erdbeeren

Für den Guss:
1 Päckchen roter Tortenguss
250 ml Apfelsaft
25 g Zucker

Außerdem:
200 g Erdbeerkonfitüre zum
    Bestreichen
Butter für die Form

Zubereitung:

1. Den Backofen auf 200 °C (Umluft 180 °C) vorheizen. Für den Mürbeteig das Mehl mit dem Backpulver mischen und in eine Schüssel sieben. Das Ei, den Zucker, den Vanillezucker und die Butter hinzufügen und alles mit den Knethaken des Handrührgerätes zu einem glatten Teig verarbeiten. Den Teig in Folie gewickelt 30 Minuten kalt stellen. Den Boden einer Springform (Ø 26 cm) mit Butter einfetten. Den Teig ausrollen und den Boden damit auslegen, mit einer Gabel mehrmals einstechen. Nun den Springformrand anbringen. Im Backofen ca. 10–12 Minuten backen, herausnehmen und den Springformrand lösen. Den Boden auf dem Blech erkalten lassen. Danach auf eine Tortenplatte legen.

2. Für den Biskuitteig die Eier und das Eigelb 1 Minute lang schaumig schlagen. Zucker und Vanillezucker dazugeben und 1 Minute weiterschlagen. Das Mehl mit dem Backpulver mischen, darübersieben und unterheben. Ein Backblech (30 x 40 cm) mit Backpapier auslegen und ⅓ des Teiges daraufstreichen (das Papier am Rand falten, sodass ein Rand entsteht).

3. Den restlichen Teig in eine eingefettete Springform (Ø 26 cm) geben. Das Backblech und die Form bei 180 °C Umluft in den Backofen schieben bzw. bei 200 °C Ober- und Unterhitze nacheinander backen. Die Backzeit für das Backblech beträgt 7 Minuten, für die Springform 15 Minuten.

4. Die Biskuitplatte sofort nach dem Backen auf zuckerbestreutes Backpapier stürzen. Das mitgebackene Backpapier abziehen. Mit einem feuchten Küchentuch abgedeckt abkühlen lassen. Dann ¾ der Erdbeermarmelade darauf verstreichen und von der Längsseite her aufrollen.

5. Den Boden aus der Springform nehmen und abkühlen lassen. Für die Füllung die Gelatine einweichen. Die Speisestärke mit 3 EL kaltem Wasser glatt rühren. Den Apfelsaft mit dem Zucker und dem Zitronensaft aufkochen. Die aufgelöste Speisestärke einrühren, die Mischung beiseitestellen und etwas abkühlen lassen. Die Gelatine ausdrücken und unter Rühren dazugeben und auflösen. Die Masse für ca. 30 Minuten kalt stellen. Die Sahne schlagen. Wenn die Masse zu gelieren beginnt, den Joghurt und die geschlagene Sahne unterheben.

6. Den Mürbeteigboden mit der restlichen Marmelade einstreichen, mit dem Biskuitboden bedecken und einen Tortenring anlegen.

7. Die Erdbeeren waschen, putzen und halbieren. Die Biskuitrolle in ca. 1 cm dicke Scheiben schneiden und innen an den Tortenring stellen. ⅓ der Sahnemasse auf dem Boden verteilen und mit den halbierten Erdbeeren belegen. Den Rest der Sahnemasse darauf verteilen. Den Kuchen ca. 3 Stunden kalt stellen. Für den Belag die Erdbeeren halbieren und auf der Füllung verteilen. Den Tortenguss mit dem Apfelsaft und dem Zucker nach Packungsanweisung herstellen und darauf verteilen. Erstarren lassen und kalt servieren.

Biskuittorte

mit Kirschen und Schokomousse

Zutaten:

Für den hellen Biskuit:

5 Eier
125 g Zucker
2 EL Vanillezucker
½ TL abgeriebene Zitronenschale, unbehandelt
125 g Weizenmehl
2 EL Speisestärke
1 TL Backpulver

Für den Schokobiskuit:

5 Eier
125 g Zucker

2 EL Vanillezucker
½ TL abgeriebene Zitronenschale, unbehandelt
125 g Weizenmehl
2 EL Speisestärke
1 TL Backpulver
4 EL Kakaopulver

Für den Belag:

1 Glas Süßkirschen (780 g)

Für die Schokomousse:

3 Eier
100 g Zucker
150 g Zartbitterkuvertüre
1 Prise Salz
800 ml süße Sahne
2 EL Puderzucker

Für die Schokospäne:

200 g Zartbitterkuvertüre

Außerdem:

1 EL Vanillesirup

Zubereitung:

1. Den Backofen auf 200 °C (Umluft 180 °C) vorheizen. Den Boden einer Springform (Ø 26 cm) mit Backpapier auslegen.

2. Für den hellen Biskuit die Eier trennen. Die Eigelbe mit dem Zucker, dem Vanillezucker und der abgeriebenen Zitronenschale schaumig rühren. Die Eiweiße steif schlagen, auf die Eigelbmasse setzen und mit dem gesiebten Mehl, der Stärke und dem Backpulver vorsichtig zu einem luftigen Teig verarbeiten. Den Teig in die Springform füllen und im Backofen in ca. 35 Minuten goldbraun backen.

3. Den fertigen Biskuitboden herausnehmen, auskühlen lassen, aus der Form lösen und auf einem Kuchengitter vollständig erkalten lassen. Den Boden einmal waagerecht durchschneiden.

4. Für den Schokobiskuit ebenso verfahren wie bei dem hellen Biskuitboden, jedoch noch das Kakaopulver in den Teig einarbeiten. Den Teig ebenfalls in eine mit Backpapier ausgelegte Springform (Ø 26 cm) geben, glatt streichen und im Backofen ca. 35 Minuten backen. Herausnehmen, aus der Form lösen, auskühlen lassen und ebenfalls einmal waagerecht durchschneiden.

5. Inzwischen die Kirschen in einem Sieb gut abtropfen lassen. Für die Schokomousse die Eier trennen und die Eigelbe mit dem Zucker im heißen Wasserbad (75 °C) schaumig schlagen. Die Kuvertüre grob hacken und in einem weiteren heißen Wasserbad schmelzen. Den Eischaum vom Herd ziehen und die Schokolade vorsichtig einfließen lassen. Gut verrühren. Das Eiweiß mit dem Salz steif schlagen. 300 ml Sahne mit dem Puderzucker separat steif schlagen. Den Eischnee und die steif geschlagene Sahne auf die Schoko-Ei-Masse geben und vorsichtig unterheben. Die Masse für ca. 30 Minuten in den Kühlschrank stellen.

6. Zwischenzeitlich die übrigen 500 ml Sahne mit dem Vanillesirup steif schlagen und in einen Spritzbeutel mit Sterntülle füllen. Einen Schokobiskuitboden auf eine Kuchenplatte legen und mit einem Tortenring versehen. Die Hälfte der Kirschen auf dem Boden verteilen und mit ⅓ der Sahne bedecken. Den zweiten Schokobiskuit darauflegen und mit ⅓ der Schokomasse bestreichen. Einen hellen Biskuitboden auf die Schokomousse setzen und erneut mit den restlichen Kirschen und ⅓ der Sahne bedecken. Mit dem letzten Biskuitboden abschließen und die Tortenoberfläche mit etwas Schokomousse bestreichen.

7. Die restliche Schokomousse in einen weiteren Spritzbeutel mit Sterntülle füllen. Den Tortenring entfernen und den Tortenrand abwechselnd mit der Sahne und der Schokomousse in Streifen gespritzt verzieren. Die Torte für mindestens 1 Stunde in den Kühlschrank stellen.

8. Währenddessen die Kuvertüre im heißen Wasserbad schmelzen. Die flüssige Kuvertüre auf einer Mamorplatte oder auf einem großen Teller dünn verstreichen. Die Schokolade nun leicht antrocknen lassen, dann mit einem Spatel lange Schokospäne abziehen. Die Torte mit den Spänen üppig verzieren.

Stets frische Eier!

Verwenden Sie bei der Herstellung Ihrer Torten immer frische Zutaten und insbesondere frische Eier! Die Gefahr durch lebensbedrohliche Bakterien wie z. B. Salmonellen ist nicht zu unterschätzen.
Bevor Sie zu Ihrem Teig die im Rezept angegebenen Eier hinzufügen, sollten Sie diese über einer Tasse oder einer kleinen Schüssel einzeln aufschlagen. Sollte wider Erwarten einmal ein verdorbenes Ei dabeisein, können Sie dieses gleich wegwerfen und vermeiden so, dass auch die übrigen Zutaten damit in Berührung kommen und ebenfalls nicht mehr zu verwenden sind.

Baisertorte Pavlova

Zutaten:

Für das Baiser:
5 Eiweiß
300 g Zucker
1 TL Essig
1 TL Vanilleessenz
4 TL Maisstärke
2 TL Speisestärke
3–4 EL Mandelblättchen

Für den Belag:
200 ml süße Sahne
500 g gemischte Beeren
   (z. B. Erdbeeren, Brombeeren,
   Himbeeren)

Zubereitung:

1. Den Backofen auf 150 °C
(Umluft 130 °C) vorheizen.
Die Eiweiße auf der höchsten
Stufe des Rührgerätes steif schlagen, 4 EL Wasser
zufügen und weiter schlagen. Den Zucker während
des Schlagens einrieseln lassen. Die Geschwindig-
keit drosseln und unter weiterem Schlagen nacheinander Essig, Vanilleessenz und Stärke unterrühren.

2. Die Masse locker auf ein mit Backpapier belegtes
Backblech geben, zu einem Kreis von ca. 26–28 cm
Ø verstreichen und in der Mitte eine Mulde for-
men. Die Mandelblättchen darüberstreuen. Im
Backofen ca. 45 Minuten backen.

3. Das Baiser herausnehmen und vollständig auskühlen lassen. Die Sahne steif schlagen und die
Mulde des Baisers damit füllen. Die Beeren waschen, verlesen, trocken tupfen und auf der Sahne
aufhäufen. Mit Puderzucker bestäubt servieren.

Interessant!

Die Baisertorte Pavlova ist eine australische
bzw. neuseeländische Spezialität. Beide
Länder beanspruchen diese Torte als Natio-
nalgericht. Benannt wurde die Leckerei nach
der russischen Ballerina Anna Pavlova, die
in den 1920er Jahren in beiden Nationen
Gastauftritte gegeben hatte.

Erdbeermousse-Torte

Zutaten:

Für den Biskuit:
2 Eier
100 g Zucker
50 g Weizenmehl
½ Päckchen Backpulver
50 g Speisestärke

Für die Mousse:
400 g Erdbeeren
10 Blatt weiße Gelatine
125 g Zucker

4 EL Orangensaft
2 cl Orangenlikör
300 ml süße Sahne

Zum Dekorieren:
200 g Erdbeeren
5 EL Erdbeerkonfitüre
Minzblättchen

Außerdem:
Butter für die Form

Zubereitung:

1. Den Backofen auf 200 °C (Umluft 180 °C) vorheizen. Die Eier trennen und die Eigelbe mit 2 EL heißem Wasser gut schaumig rühren. Dann den Zucker zugeben und zu einer dicken Creme aufschlagen. Die Eiweiße steif schlagen und unterziehen. Das Mehl mit dem Backpulver und der Stärke vermischen und darübersieben. Dann vorsichtig mit dem Schneebesen unterheben.

2. Den Boden einer Springform (Ø 26 cm) einfetten und den Teig einfüllen. Im Backofen in ca. 20 Minuten goldbraun backen. Herausnehmen und in der Form auskühlen lassen. Aus der Form lösen, mit 1 EL Konfitüre bestreichen und wieder zurück in die Springform setzen.

3. Für die Mousse die Erdbeeren waschen, putzen, trocken tupfen und in Scheiben schneiden. Die Gelatine in kaltem Wasser einweichen. Den Rand der Form mit einem passend zugeschnittenen Streifen Backpapier auskleiden. Schöne, große Erdbeerscheiben an den Formrand stellen. Die übrigen Erdbeeren mit dem Zucker pürieren. Die Gelatine ausdrücken, in einem kleinen Topf mit dem Orangensaft erhitzen und auflösen. Mit dem Orangenlikör unter das Erdbeerpüree rühren. Die Sahne steif schlagen und unterheben. Die Mousse vorsichtig auf dem Boden verteilen, glatt streichen und für mindestens 4 Stunden in den Kühlschrank stellen. Zum Dekorieren aus der Form lösen, dann vorsichtig das Papier entfernen.

4. Die Erdbeeren zum Garnieren halbieren. Die restliche Konfitüre etwas erwärmen, durch ein Sieb streichen und mit den halbierten Erdbeeren mischen. Auf dem Kuchen dekorativ verteilen und mit Minzblättchen garniert servieren.

Apfeltorte mit Mascarponecreme

Für den Biskuit:
5 Eier
125 g Zucker
1 Prise Salz
100 g Weizenmehl
50 g Speisestärke

Für den Belag:
5 reife Äpfel, z. B. Boskop
2 EL Zitronensaft
450 ml Apfelsaft
6 EL Zucker
1 Päckchen Puddingpulver Vanille
2 cl Calvados

Für die Creme:
10 Blatt weiße Gelatine
400 g Mascarpone
300 g Magerquark
2 cl Amaretto
200 g Zucker
250 ml süße Sahne

Außerdem:
150 g Amaretti

Zubereitung:

1. Den Backofen auf 180 °C (Umluft 160 °C) vorheizen. Die Eier trennen und die Eigelbe mit der Hälfte des Zuckers schaumig schlagen. Das Eiweiß mit dem Salz steif schlagen, den restlichen Zucker einrieseln lassen und weiterschlagen, bis die Masse glänzt und Spitzen zieht. Den Eischnee auf die Eischaummasse geben, das Mehl mit der Speisestärke mischen, darübersieben und alles nach und nach unterheben.

2. Eine Springform (Ø 26 cm) mit Backpapier auslegen. Den Teig in die Springform füllen, glatt streichen und im Backofen ca. 35 Minuten backen.

3. In der Zwischenzeit die Äpfel schälen, vierteln und vom Kerngehäuse befreien. 4 Äpfel fein würfeln und den letzten Apfel in schmale Spalten schneiden. Alle Apfelstücke mit dem Zitronensaft vermischen. 300 ml Apfelsaft mit 6 EL Zucker in einem Topf erhitzen und die Apfelwürfel 5 Minuten darin ziehen lassen. Abgießen und den Sud auffangen. Das Puddingpulver mit 2 EL Apfelsaft anrühren, in den kochenden Sud gießen und unter Rühren andicken lassen. Die Apfelwürfel untermischen und erkalten lassen. Den restlichen Apfelsaft mit dem Calvados in einem weiteren Topf erhitzen und die Apfelspalten 3 Minuten darin ziehen lassen. Herausnehmen, abtropfen lassen und beiseitelegen.

4. Den fertig gebackenen Biskuit aus dem Ofen nehmen, abkühlen lassen, aus der Form lösen und vollständig erkalten lassen. Einmal waagerecht halbieren, einen Boden auf eine Tortenplatte legen und mit einem Tortenring versehen.

5. Die Gelatine in kaltem Wasser einweichen. Den Mascarpone mit dem Quark, dem Amaretto und dem Zucker verrühren. Die Gelatine tropfnass in einem Topf bei geringer Hitze auflösen, 2 EL Mascarponecreme einrühren und unter die restliche Creme rühren. Die Sahne steif schlagen und unterheben. ⅓ der Creme auf dem Biskuitboden verstreichen, das Apfelkompott darauf verteilen und mit der Hälfte der übrigen Creme bedecken. Den zweiten Boden auflegen, leicht andrücken und für 1 Stunde in den Kühlschrank stellen.

6. Den Tortenring entfernen und die Torte mit der restlichen Creme überziehen. Mit den Apfelspalten und einigen Amaretti belegen. Die übrigen Amaretti in einen Gefrierbeutel geben, mit dem Nudelholz zerbröseln und an den Tortenrand drücken. Für 1 weitere Stunde in den Kühlschrank stellen.

Pfirsich-Sahne-Torte
mit Mandelblättchen

Zutaten:

Für den Biskuit:
5 Eier
150 g Zucker
1 Prise Salz
50 g Mandeln, gemahlen
120 g Weizenmehl
2 EL Kakaopulver

Für die Creme:
200 ml Pfirsichmark
100 g Zucker
9 Blatt weiße Gelatine
400 ml süße Sahne
1 Päckchen Vanillezucker

Zum Dekorieren:
200 ml süße Sahne
1 Päckchen Vanillezucker
5 Pfirsichhälften
Mandelblättchen, geröstet
Minzblättchen

Zubereitung:

1. Den Backofen auf 200 °C (Umluft 180 °C) vorheizen. Die Eier trennen und die Eigelbe mit 4 EL warmem Wasser und dem Zucker schlagen, bis die Masse weiß und dickschaumig ist. Die Eiweiße mit dem Salz schnittfest schlagen und auf die Eigelbmasse gleiten lassen. Die Mandeln mit dem Mehl und dem Kakao vermengen und alles locker unterheben.

2. Eine Springform (Ø 26 cm) mit Pergamentpapier auslegen. Die Biskuitmasse einfüllen und in ca. 35–40 Minuten goldbraun backen. Kurz ausdampfen lassen, auf ein Kuchengitter stürzen, das Papier abziehen und den Boden auskühlen lassen.

3. Den Biskuitboden zweimal waagerecht durchschneiden, sodass 3 Böden entstehen. Einen Boden in der Größe belassen, einen auf 22 cm Ø und den dritten auf 18 cm Ø verkleinern. Den größten Biskuitboden auf eine Tortenplatte legen und mit einem Tortenring versehen.

4. Für die Creme das Pfirsichmark mit dem Zucker verrühren. Die Gelatine in kaltem Wasser einweichen. Mit den Händen gut ausdrücken und im Wasserbad zum Schmelzen bringen, dann das Pfirsichmark einrühren. Die Sahne mit dem Vanillezucker steif schlagen und unter das Mark heben. ⅓ der Creme auf dem Biskuitboden verteilen und glatt streichen. Den nächstkleineren Boden darauflegen. Die Hälfte der restlichen Creme daraufgeben und glatt streichen. Den letzten Biskuitboden darauflegen und gleichmäßig mit der restlichen Creme bestreichen. Im Kühlschrank 2–3 Stunden fest werden lassen.

5. Den Kuchen aus der Form lösen, dann die Sahne für die Dekoration mit dem Vanillezucker steif schlagen und den Kuchen damit bestreichen. Die Pfirsichhälften in Spalten schneiden. Mit Sahnetupfern, Pfirsichspalten, Mandel- und Minzblättchen garnieren.

Grießbreitorte
mit Waldbeeren

Zutaten:

Für die Creme:
200 g Grießbrei, z. B. von Mondamin
400 ml Milch
6 Blatt weiße Gelatine
½ Vanilleschote
200 ml süße Sahne, z. B. Rama
   Cremefine
¼ TL Zimt

Für den Boden:
75 g Margarine
50 g Zwieback

Für den Belag:
250 g Heidelbeeren
250 g Himbeeren
1 Päckchen roter Tortenguss
250 ml Kirschsaft
2 EL Zucker

Zubereitung:

1. Den Grießbrei nach Packungsanweisung zubereiten, jedoch nur mit 400 ml (statt 500 ml) Milch. Die Gelatine in wenig kaltem Wasser einweichen, ausdrücken und unter Rühren im noch warmen Grießbrei auflösen.

2. Die halbe Vanilleschote der Länge nach aufschneiden und das Mark herauskratzen. Die Sahne mit dem Zimt und dem Vanillemark steif schlagen und unter den Grießbrei heben.

3. Die Margarine schmelzen. Den Zwieback fein mahlen und mit der geschmolzenen Margarine vermischen. Die Masse auf dem Boden einer mit Backpapier ausgelegten Springform verteilen und mit den Fingern festdrücken. Den Sahne-Grießbrei daraufgeben und ca. 2 Stunden kalt stellen.

4. Die Beeren verlesen, vorsichtig waschen und trocken tupfen. Den Tortenguss nach Packungsanweisung mit dem Kirschsaft zubereiten und den Zucker darin auflösen. Die Beeren vorsichtig unterheben, anschließend auf den Grießbrei geben und die Torte nochmals ca. 2 Stunden kühlen.

Frischkäse-Sahne-Torte
mit Pistazien

Zutaten:

Für den Boden:
250 g Löffelbiskuits
120 g Butter

Für die Creme:
500 g Magerquark
500 g Frischkäse
75 g Zucker
2 EL Vanillezucker
11 Blatt weiße Gelatine
1 EL sizilianischer Pistazienlikör
200 ml süße Sahne

Zum Bestreuen:
200 g Pistazienkerne, gehackt

Zubereitung:

1. Eine Springform (Ø 24 cm) mit Backpapier auslegen. Die Löffelbiskuits in der Küchenmaschine mit Schlagmessern oder in einem Gefrierbeutel mit dem Nudelholz zerbröseln. Die Butter zerlassen, mit den Bröseln vermengen und die Mischung in die Springform füllen. Gleichmäßig auf dem Boden verteilen, andrücken und kalt stellen.

2. Den Quark mit dem Frischkäse, dem Zucker und dem Vanillezucker mischen und glatt rühren. Die Gelatine in kaltem Wasser einweichen, dann tropfnass in ein Töpfchen geben und bei geringer Hitze schmelzen. 2 EL der Quarkcreme einrühren, anschließend die Gelatinemischung zügig unter die restliche Quarkcreme mischen. Den Pistazienlikör unterrühren. Die gut gekühlte Sahne steif schlagen, unterheben und die Creme auf den Boden füllen, glatt streichen und für mindestens 4 Stunden kalt stellen.

3. Die kalte Torte aus der Form lösen und auf eine Tortenplatte setzen. Mit den gehackten Pistazienkernen bestreuen und sofort servieren.

Brombeer-Schmand-Torte

Zutaten:

Für den Boden:
200 g Roggenmehl
200 g Vollkornmehl
½ Würfel Frischhefe
½ TL Zucker
250 ml lauwarme Milch
50 g Butter
½ TL Salz
je 50 g Mandeln, Haselnüsse und Walnüsse, geschält und gehackt
1 Eigelb

Für die Füllung:
400 g frische, reife Brombeeren
250 ml süße Sahne
100 g Puderzucker
Mark von 1 Vanilleschote
300 g Schmand

Außerdem:
Butter und Mehl für die Form
2 EL Puderzucker zum Bestäuben

Zubereitung:

1. Die beiden Mehlsorten in eine Schüssel sieben und in die Mitte eine Mulde drücken. Die Hefe hineinbröckeln und mit dem Zucker und der Hälfte der Milch verrühren. Mit etwas Mehl vom Rand bestäuben und den Vorteig zugedeckt ca. 30 Minuten gehen lassen.

2. Die Butter schmelzen, mit dem Salz und der restlichen Milch in die Teigschüssel geben und alles mit den Knethaken des Handrührgerätes gut durchkneten, bis sich der Teig vom Rand löst. Zugedeckt nochmals 30 Minuten gehen lassen.

3. Den Backofen auf 200 °C (Umluft 180 °C) vorheizen. Eine Springform (Ø 26 cm) mit Butter einfetten und mit etwas Mehl ausstreuen.

4. Die Nüsse grob hacken und unter den Teig kneten. Den Teig in die Backform geben. Das Eigelb verquirlen und damit die Teigoberfläche bepinseln. Im Ofen ca. 45 Minuten goldbraun backen.

5. Aus dem Ofen nehmen, kurz abkühlen lassen, vorsichtig aus der Form lösen und auf einem Kuchengitter auskühlen lassen. Den Boden einmal waagerecht durchschneiden.

6. Die Brombeeren verlesen, waschen und gut abtropfen lassen. Die Sahne mit dem Puderzucker und dem Vanillemark steif schlagen und nach und nach unter den Schmand ziehen.

7. Eine Bodenhälfte auf eine Kuchenplatte legen und mit einem Tortenring versehen. Die Schmandmasse in einen Spritzbeutel mit Sterntülle geben und die Hälfte der Masse auf den Boden spritzen. Die Brombeeren auf die Creme legen, die restliche Masse darauf verteilen und mit dem zweiten Tortenboden bedecken. Die Tortenoberfläche mit Puderzucker bestäuben. Die Torte gut gekühlt servieren.

Heidelbeertorte

Zutaten:

Für den Boden:
200 g weiche Butter
200 g Zucker
1 TL abgeriebene Zitronenschale,
   unbehandelt
4 Eier
1 Prise Salz
300 g Weizenmehl
1 ½ TL Backpulver
100 g Mandeln, gemahlen

Für die Creme:
300 g Heidelbeeren
6 EL Puderzucker
250 g Mascarpone
6 Blatt weiße Gelatine
350 ml süße Sahne

Außerdem:
150 g Mandelblättchen, geröstet
Butter für die Form

Zubereitung:

1. Den Backofen auf 180 °C (Umluft 160 °C) vorheizen. Für den Teig die Butter mit dem Zucker und der abgeriebenen Zitronenschale cremig schlagen. Nach und nach die Eier mit dem Salz unterrühren. Das Mehl mit dem Backpulver und den Mandeln mischen und unterrühren.

2. Eine Springform (Ø 22 cm) mit Butter einfetten. Den Teig hineingeben, glatt streichen und im Backofen 45–60 Minuten backen.

3. In der Zwischenzeit die Heidelbeeren waschen, verlesen und gut abtropfen lassen. ⅔ der Beeren mit 2 EL Puderzucker pürieren und mit dem Mascarpone verrühren. Die Gelatine in kaltem Wasser einweichen und tropfnass in einem Topf bei geringer Hitze auflösen. 2 EL Mascarpone-Creme einrühren und unter die restliche Creme mischen. Die Sahne mit dem übrigen Puderzucker steif schlagen und die Hälfte unterziehen.

4. Den fertig gebackenen Boden aus dem Backofen nehmen, abkühlen lassen und aus der Form lösen. Auskühlen lassen und waagerecht halbieren. Einen Tortenboden auf eine Tortenplatte legen, mit einem Tortenring versehen und mit der Mascarponecreme bestreichen. Mit dem zweiten Tortenboden bedecken, leicht andrücken und alles für 2 Stunden in den Kühlschrank stellen. Den Tortenring entfernen, die Torte mit der restlichen Sahne überziehen und mit gerösteten Mandelblättchen bestreuen. Mit den restlichen Heidelbeeren belegen und servieren.

Erdbeer-Schichttorte

mit Sahne und Pistazien

Zutaten:

Für den Biskuit:
7 Eier
150 g Zucker
1 Prise Salz
150 g Weizenmehl
25 g Speisestärke

Für die Puddingcreme:
1 Päckchen Puddingpulver
   Vanille
450 ml Milch
3 EL Zucker
4 EL Puderzucker
400 ml süße Sahne
2 Päckchen Sahnesteif

Außerdem:
500–600 g frische, reife
   Erdbeeren
500 ml roter Fruchtsaft
2 Päckchen roter Tortenguss
80 g gehackte Pistazien

Zubereitung:

1. Den Backofen auf 200 °C (Umluft 180 °C) vorheizen. Für den Biskuit die Eier trennen und die Eigelbe mit der Hälfte des Zuckers schaumig schlagen. Die Eiweiße mit dem Salz steif schlagen und den restlichen Zucker nach und nach einrieseln lassen. Weiterschlagen, bis die Masse glänzt und Spitzen zieht. Den Eischnee auf die Eigelbmasse setzen. Das Mehl mit der Stärke mischen, darübersieben und alles nach und nach unterheben.

2. Eine Springform (Ø 26 cm) mit Backpapier auskleiden und den Teig einfüllen. Im Backofen ca. 35 Minuten backen. Den fertigen Biskuit aus dem Backofen nehmen, abkühlen lassen, aus der Form lösen und auf einem Kuchengitter vollständig erkalten lassen.

3. Inzwischen das Puddingpulver mit 3 EL Milch glatt rühren. Die Milch mit dem Zucker in einem Topf zum Kochen bringen, die Puddingmilch unter Rühren einfließen lassen und weiterrühren, bis der Pudding andickt. Den Pudding in eine Schüssel füllen und mit 1 EL Puderzucker bestäubt erkalten lassen. Die Sahne mit dem Sahnesteif und dem restlichen Puderzucker steif schlagen und die Hälfte unter den erkalteten Pudding ziehen.

4. Die Erdbeeren waschen, putzen und längs in dünne Scheiben schneiden. Den Fruchtsaft mit dem Tortenguss verrühren und in einem Topf erwärmen. Den Biskuit zweimal waagerecht halbieren. Zwei der Biskuitböden mit Erdbeerscheiben belegen, mit Tortenguss beträufeln und trocknen lassen. Danach mit der Puddingcreme bestreichen, übereinander legen und den dritten Biskuitboden obendrauf setzen. Leicht andrücken und die Torte mit der restlichen Sahne überziehen. Die übrigen Erdbeerscheiben in die Oberfläche stecken und die gehackten Pistazien an den Tortenrand drücken. Für ca. 1 Stunde in den Kühlschrank stellen.

Himbeertorte
mit Joghurtsahne und Rosengarnitur

Zutaten:

Für den Boden (Wiener Masse):
4 Eier
150 g Zucker
1 Prise Salz
50 g Speisestärke
1 TL Backpulver
100 g Weizenmehl
50 g Butter

Für die Füllung:
6 Blatt weiße Gelatine
4 EL Himbeergeist

250 ml süße Sahne
100 g Magerquark
400 g Naturjoghurt
5 EL Zucker
2 EL Zitronensaft
400 g Himbeeren

Zum Dekorieren:
20 essbare Rosenblüten
1 Eiweiß
100 g Zucker
50 g Raspelschokolade

Zubereitung:

1. Den Backofen auf 60 °C (Umluft 50 °C) vorheizen. Für die Rosenblüten das Eiweiß leicht schaumig schlagen, die Blütenblätter hineintauchen und auf ein Zuckerbett legen. Noch etwas Zucker darüberstreuen und im Backofen trocknen lassen.

2. Für den Teig die Eier trennen. Die Eigelbe mit 2 EL warmem Wasser und Zucker schaumig schlagen. Die Eiweiße mit dem Salz steif schlagen und unter die Eigelbmasse heben. Die Stärke und das Backpulver mit dem Mehl vermischen, darübersieben und vorsichtig unterziehen. Die zerlassene Butter untermengen und den Teig in eine mit Backpapier ausgelegte Springform (Ø 26 cm) füllen. Die Backofentemperatur auf 200 °C (Umluft 180 °C) erhöhen und den Teig in ca. 30 Minuten goldbraun backen. Herausnehmen, auskühlen lassen und anschließend einmal waagerecht durchschneiden.

3. Für die Füllung die Gelatine in kaltem Wasser einweichen, dann ausdrücken und im warmen Himbeergeist auflösen. Die Sahne steif schlagen. Den Quark mit dem Joghurt, dem Zucker und dem Zitronensaft glatt rühren, die Gelatine und die steif geschlagene Sahne zügig unterziehen. Die Hälfte der Masse kalt stellen, die Himbeeren pürieren und unter die andere Hälfte heben. Den Tortenboden in der Springform lassen und die Himbeermasse auf den unteren Tortenboden streichen. Den Deckel daraufsetzen, leicht andrücken und den Ring entfernen. Die Torte mit der restlichen weißen Masse einstreichen und ca. 3 Stunden kalt stellen. Vor dem Servieren mit Raspelschokolade bestreuen und mit den Rosenblättern garnieren.

Espresso-Sahne-Torte

mit Brombeeren

Zutaten:

Für den Boden:
2 TL Instant-Espressopulver
1 TL Kakaopulver
4 Eier
1 Prise Salz
150 g Zucker
60 g Weizenmehl
½ TL Backpulver
60 g Speisestärke

Für die Creme:
500 g Brombeeren
500 ml süße Sahne
3 Päckchen Sahnesteif
75 g Puderzucker

Zum Dekorieren:
Schoko-Mokkabohnen
Puderzucker

Zubereitung:

1. Den Backofen auf 180 °C (Umluft 160 °C) vorheizen. Das Espresso- und das Kakaopulver in 2 EL kaltem Wasser auflösen. Die Eier trennen, die Eiweiße mit dem Salz steif schlagen. Die Eigelbe mit dem Zucker weiß-cremig schlagen. Die Hälfte des aufgelösten Espresso-Kakaos dazugeben. Das Mehl, das Backpulver und die Stärke mischen, darübersieben und unterheben. Das Eiweiß nach und nach unterziehen. Eine Springform (Ø 26 cm) mit Backpapier auslegen, den Teig hineingeben und glatt streichen. Im Backofen ca. 25 Minuten backen.

2. Den Boden aus der Form lösen und auf einem Kuchengitter ganz auskühlen lassen, dann einmal waagerecht halbieren. Die Brombeeren verlesen, waschen und gut abtropfen lassen. Einige schöne Beeren zum Garnieren beiseitestellen. Die Sahne mit Sahnesteif und Puderzucker steif schlagen. Den übrigen aufgelösten Espresso-Kakao unter ⅓ der Sahne ziehen. Die Hälfte der Espresso-Sahne auf den unteren Tortenboden streichen, dann mit der Hälfte der Sahne bedecken. Mit Brombeeren belegen. Den zweiten Boden daraufsetzen und die übrige Espresso-Sahne sowie die restliche Sahne darauf verteilen. Die Torte mit den übrigen Brombeeren und den Schoko-Mokkabohnen garnieren. Mit Puderzucker bestäubt servieren.

Holunder-Sahne-Torte

Zutaten:

Für den Biskuit:
5 Eier
125 g Zucker
1 Prise Salz
75 g Weizenmehl
75 g Speisestärke

Für die Creme:
11 Blatt weiße Gelatine
400 g Magerquark
150 g Zucker
2 EL Holunderblütensirup
1 EL Zitronensaft
400 ml süße Sahne

Außerdem:
Puderzucker zum Bestäuben

Zubereitung:

1. Den Backofen auf 180 °C (Umluft 160 °C) vorheizen. Die Eier trennen und die Eigelbe mit der Hälfte des Zuckers schaumig schlagen. Das Eiweiß mit dem Salz steif schlagen, den restlichen Zucker einrieseln lassen und weiterschlagen, bis die Masse glänzt und Spitzen zieht. Den Eischnee auf die Eischaummasse setzen, das Mehl mit der Stärke mischen, darübersieben und alles vorsichtig unterheben. Eine Springform (Ø 26 cm) mit Backpapier auslegen. Den Teig einfüllen, glatt streichen und im Backofen ca. 35 Minuten backen.

2. Den fertig gebackenen Biskuit aus dem Backofen nehmen, etwas abkühlen, aus der Form stürzen und vollständig erkalten lassen. Den Boden einmal waagerecht halbieren.

3. Für die Creme die Gelatine in kaltem Wasser einweichen. Den Quark mit dem Zucker, dem Sirup und dem Zitronensaft verrühren. Die Gelatine tropfnass in einem Topf bei kleiner Hitze zerlassen, 2 EL von der Quarkcreme einrühren und alles unter die restliche Creme rühren. Die Sahne steif schlagen und unterheben.

4. Einen Biskuitboden auf eine Tortenplatte legen und mit einem Tortenring versehen. Mit der Creme bestreichen und den zweiten Biskuitboden darauflegen. Leicht andrücken und für ca. 3 Stunden in den Kühlschrank stellen. Den Tortenring entfernen und den Kuchen nach Belieben mit Puderzucker bestäubt servieren.

Tipp:

Warum nicht mal ein Gläschen Sekt zur Torte? Dann sollte passend zu dieser Torte der Holunderblütensirup nicht fehlen. Geben Sie dazu jeweils 1 EL Holunderblütensirup in jedes Sektglas und gießen Sie mit Sekt (oder Prosecco) auf.

Kokos-Erdbeer-Torte

Zutaten:

Für den Boden:
100 g Cornflakes
175 g weiße Kuvertüre
2 EL süße Sahne
50 g Kokosraspel

Für den Belag:
750 g Erdbeeren
6 Blatt weiße Gelatine
250 ml Kokosmilch
75 g Puderzucker

Saft und Schale von
1 Limette, unbehandelt
100 g Kokosraspel
500 g Magerquark
200 ml süße Sahne
2 cl Kokoslikör

Zum Dekorieren:
Kokosraspel
Minzblätter
Puderzucker

Zubereitung:

1. Eine Springform (Ø 24 cm) mit Backpapier auslegen. Die Cornflakes grob zerbröseln. Die Kuvertüre grob hacken und im heißen Wasserbad in der Sahne schmelzen lassen. Vom Herd nehmen und die Cornflakes mit den Kokosraspeln untermengen. Die Masse gleichmäßig auf dem Boden der Springform verteilen und im Kühlschrank etwa 30 Minuten fest werden lassen.

2. Für den Belag die Erdbeeren waschen, putzen, halbieren und den Boden damit belegen. Einige Erdbeeren zum Garnieren beiseitelegen. Den Rest fein pürieren und durch ein Sieb streichen.

3. Die Gelatine in kaltem Wasser einweichen. Die Kokosmilch mit dem Puderzucker, dem Limettensaft und der Limettenschale, den Kokosraspeln und dem Quark verrühren. Die Sahne steif schlagen. Die ausgedrückte Gelatine in einem kleinen Topf mit dem Likör erwärmen und schmelzen lassen. 2–3 EL der Kokoscreme unterrühren und mit der restlichen Creme vermischen. Die Schlagsahne unterziehen und die Creme in die Springform füllen. Glatt streichen und mit den zurückbehaltenen Erdbeeren belegen. Wieder im Kühlschrank mindestens 3 Stunden kalt stellen. Vor dem Servieren aus der Form lösen, mit dem Erdbeerpüree beträufeln und mit Kokosraspeln und Minze garnieren. Mit Puderzucker bestäuben.

Tipp:

Sollte keine unbehandelte Limette verfügbar sein, können Sie diese auch durch eine unbehandelte Zitrone ersetzen.

Erdbeer-Waldmeister-Torte

Zutaten:

Für den Boden:
100 g Weizenmehl
80 g Zucker
1 Prise Salz
100 g Mandeln, gemahlen
100 g weiche Butter

Für den Belag:
500 g reife Erdbeeren
8 Blatt weiße Gelatine
400 g Magerquark
300 g Naturjoghurt
150 ml Waldmeistersirup

300 ml süße Sahne
1 EL Puderzucker

Zum Dekorieren:
12 Minzblättchen
frischer Waldmeister

Zubereitung:

1. Den Backofen auf 180 °C (Umluft 160 °C) vorheizen. Für den Teig das Mehl mit dem Zucker, dem Salz, den Mandeln und der Butter zu einem krümeligen Teig verkneten.

2. Den Boden einer Springform (Ø 26 cm) mit Backpapier auslegen. Die Springform mit dem Teig auskleiden, dabei einen Rand formen. Im Backofen ca. 20 Minuten backen. Herausnehmen und abkühlen lassen.

3. In der Zwischenzeit die Erdbeeren waschen und putzen. 6 Erdbeeren längs halbieren und die restlichen Früchte in kleine Würfel schneiden. Die Gelatine in kaltem Wasser einweichen. Den Quark mit dem Joghurt und dem Sirup glatt rühren, die Gelatine gut ausdrücken und in einem Topf zerlassen. 2 EL von der Quarkcreme einrühren und zurück zu der restlichen Creme geben. 200 ml Sahne steif schlagen und mit den Erdbeerwürfeln unter die Masse heben. Auf dem Teigboden verteilen und für ca. 3 Stunden in den Kühlschrank stellen.

4. Die restliche Sahne mit dem Puderzucker steif schlagen, in einen Spritzbeutel mit Sterntülle geben und je Tortenstück einen Sahnetupfer auf die Torte spritzen. Mit jeweils einer halbierten Erdbeere und einem Minzblättchen belegen und mit frischem Waldmeister garniert servieren.

Zitronen-Quarkcreme-Torte

Zubereitung:

1. Den Backofen auf 180 °C (Umluft 160 °C) vorheizen. Für den Biskuit die Eier trennen und das Eiweiß mit dem Salz steif schlagen. Die Eigelbe mit dem Zucker weiß-cremig schlagen. Das Mehl mit der Stärke mischen, auf die Eigelbmasse sieben und mit dem Schneebesen leicht unterrühren. Das Eiweiß auf die Eimasse geben und locker unterziehen. Den Teig in eine mit Backpapier ausgelegte Springform (Ø 26 cm) füllen und im Backofen 35–40 Minuten backen.

2. Inzwischen den Zitronensaft mit dem Zucker in einem Topf erhitzen und mit der in kaltem Wasser angerührten Speisestärke abbinden. Vom Herd nehmen und kurz auskühlen lassen. Die Gelatine in kaltem Wasser einweichen.

3. Den fertigen Biskuit herausnehmen, auskühlen lassen, den Ring der Springform entfernen und den Boden einmal waagerecht halbieren. Auf den unteren Boden den Zitronenpudding streichen und für 30 Minuten in den Kühlschrank stellen.

4. Zwischenzeitlich die Vanilleschote längs halbieren und das Mark herauskratzen. Die Sahne mit 2 EL Puderzucker steif schlagen. Den Quark mit dem Mark der Vanilleschote, den Zitronenzesten und dem restlichen Puderzucker glatt rühren. Die Gelatine in einem Topf erwärmen, 2 EL der Quarkcreme dazugeben, verrühren und alles zurück zur Creme geben. Die Sahne nach und nach unterheben. Einen Tortenring um den unteren Boden legen und die Quark-Sahne-Mischung daraufstreichen. Für weitere 30 Minuten in den Kühlschrank stellen.

5. Die Eiweiße mit 1 EL Puderzucker steif schlagen und auf den Tortendeckel streichen. Mit Mandelblättchen bestreuen und für 4–6 Minuten unter den Backofengrill schieben. Herausnehmen, auskühlen lassen und auf die Torte setzen.

Zutaten:

Für den Biskuit:
6 Eier
1 Prise Salz
150 g Zucker
170 g Weizenmehl
1 TL Speisestärke

Für die Füllung:
200 ml Zitronensaft
2 EL Zucker
1 TL Speisestärke
6 Blatt weiße Gelatine
1 Vanilleschote
250 ml süße Sahne
100 g Puderzucker

1 kg Magerquark
1 TL Zitronenzeste

Außerdem:
2 Eiweiß
1 EL Puderzucker
100 g Mandelblättchen

Zebratorte

Für den Boden:
250 g Weizenmehl
120 g weiche Butter
70 g Zucker, 1 Ei
1 Prise Salz

Für die Creme:
200 g Frischkäse
500 g Sahnequark
140 g Zucker
1 Päckchen Vanillezucker
Saft von 1 Zitrone
8 Blatt weiße Gelatine
400 ml süße Sahne
24 Eclairs mit Schokoladen-
    guss, z. B. von Café Condito

Außerdem:
Himbeeren und gehackte
    Pistazien
Butter für die Form

Zubereitung:

1. Den Backofen auf 200 °C (Umluft 180 °C) vorheizen.

2. Für den Teig das gesiebte Mehl, die Butter, den Zucker, das Ei und das Salz vermischen. Alle Zutaten zu einem festen Teig verkneten und ca. 30 Minuten kühl stellen. Den Boden einer gefetteten Springform (Ø 24) mit dem Teig auslegen, mit der Gabel mehrmals einstechen und im Backofen 15–20 Minuten backen.

3. Den Tortenboden erkalten lassen, aus der Form nehmen, auf eine Tortenplatte legen und mit einem Tortenring versehen.

4. Für die Creme den Frischkäse und den Quark mit dem Zucker, dem Vanillezucker und dem Zitronensaft glatt rühren.

5. Die Gelatine in wenig kaltem Wasser einweichen und dann nach Packungsanweisung auflösen. Unter die Creme ziehen und die Mischung kalt stellen. Die Sahne steif schlagen. Sobald die Creme anfängt zu gelieren, die Sahne unterheben.

6. Die Hälfte der Eclairs sternförmig auf dem Tortenboden verteilen, die Creme daraufgeben und die Torte ca. 3 Stunden kalt stellen. Nach der Hälfte der Kühlzeit die restlichen Eclairs abwechselnd mit der dunklen oder hellen Seite nach oben auf der Torte verteilen.

7. Die Torte mit frischen Himbeeren sowie gehackten Pistazien verzieren.

Eierlikörtorte

mit Äpfeln und Schokoraspeln

Zutaten:

Für den Boden:

700 g Äpfel
100 g Weizenmehl
175 g Zucker
100 g weiche Butter
2 Päckchen Vanillezucker
1 TL Backpulver
2 Eier

Für die Creme:

150 ml Apfelsaft
½ TL Zimt, gemahlen
2 Päckchen Puddingpulver Vanille
350 ml Milch
100 ml Eierlikör

Zum Dekorieren:

Schokolade, geraspelt

Zubereitung:

1. Den Ofen auf 180 °C (Umluft 160 °C) vorheizen. Die Äpfel schälen, vom Kerngehäuse befreien und würfeln. Das Mehl, 100 g Zucker, die Butter, 1 Päckchen Vanillezucker, das Backpulver und die Eier mit dem Handrührgerät zu einem glatten Teig verrühren. Einen der Äpfel würfeln und unter den Teig rühren.

2. Eine Springform (Ø 26 cm) mit Backpapier auslegen. Den Teig einfüllen und im Backofen ca. 30 Minuten backen.

3. Den Boden herausnehmen, den Rand entfernen und einen Tortenring um den Boden stellen. Die restlichen Apfelwürfel mit 75 ml Apfelsaft, dem Zimt, 2 EL Zucker und dem übrigem Vanillezucker langsam aufkochen und weitere 5 Minuten kochen lassen. 1 Päckchen Puddingpulver mit dem restlichen Apfelsaft glatt rühren und unter die kochenden Äpfel rühren. Dann 1 Minute kochen lassen, vom Herd nehmen und auf den Tortenboden streichen. Die Milch mit dem restlichen Zucker aufkochen und vom Herd nehmen. Das übrige Puddingpulver mit dem Eierlikör verrühren, in die Milch einrühren und 1 Minute aufkochen. Den Pudding auf die Äpfel geben und den Kuchen mindestens 2 Stunden kühl stellen. Mit geraspelter Schokolade verziert servieren.

Schwarzwälder Kirschtorte

Zutaten:

Für den Boden:

6 Eier	1 Glas Schattenmorellen (680 g)
1 Päckchen Vanillezucker	1 Päckchen Vanillezucker
150 g Zucker	4 TL Speisestärke
80 g Weizenmehl	400 ml süße Sahne
60 g Speisestärke	1 EL Puderzucker
50 g Kakaopulver	1 Päckchen Sahnesteif

Für die Füllung:
5 cl Kirschwasser
50 ml Läuterzucker

Zum Dekorieren:
150 g Schokoraspel
Puderzucker zum Bestäuben

Interessant!

Zur Namensgebung der Schwarzwälder Kirschtorte gibt es unterschiedliche Theorien. Wahrscheinlich entstand der Name aber in Anlehnung an die Tracht der Schwarzwaldmädel: Das Kleid ist schwarz wie die Schokostreusel, die Bluse weiß wie die Sahne und die roten Kugeln auf dem „Bollenhut" erinnern an Kirschen.

Zubereitung:

1. Den Backofen auf 200 °C (Umluft 180 °C) vorheizen. Den Boden einer Springform (Ø 22 cm) mit Backpapier auslegen.

2. Die Eier mit 2 TL heißem Wasser, dem Vanillezucker und dem Zucker schaumig schlagen. Das Mehl, die Speisestärke und den Kakao mischen, über die Eimasse sieben und vorsichtig unterheben. Den Teig in die Form geben, glatt streichen und im Backofen ca. 35 Minuten backen.

3. Den fertigen Boden herausnehmen, in der Form abkühlen lassen und herauslösen. Am besten über Nacht auskühlen lassen. Den Boden zweimal waagerecht durchschneiden.

4. Das Kirschwasser mit dem Läuterzucker mischen und die Böden damit beträufeln. Die Schattenmorellen abtropfen lassen und den Saft auffangen. Von den Kirschen 12 Stück für die Garnitur beiseitelegen.

5. Vom Saft 200 ml abmessen und mit dem Vanillezucker aufkochen. Die Speisestärke mit 2–3 EL kaltem Saft mischen und unter Rühren zu dem kochenden Saft geben. Aufkochen lassen, vom Herd nehmen, die Schattenmorellen einrühren und die Masse abkühlen lassen.

6. Die Sahne mit dem Puderzucker und dem Sahnesteif steif schlagen. Etwa ⅕ davon in einen Spritzbeutel mit Sterntülle geben und kalt stellen.

7. Den untersten Tortenboden mit der Kirschmasse bestreichen. Den zweiten Boden darauflegen und mit ⅓ der Schlagsahne bestreichen. Den dritten Boden auflegen und die Torte mit der restlichen Schlagsahne überziehen.

8. Die Schokoraspel auf die Torte streuen, mit dem Spritzbeutel Sahnetupfer auf die Torte spritzen. Mit den beiseitegelegten Kirschen verzieren. Für mindestens 4 Stunden kalt stellen. Vor dem Servieren dünn mit Puderzucker bestäuben.

Prinzregententorte

Zutaten:

Für die Böden:
250 g Butter
4 Eier
250 g Zucker
1 Prise Salz
1 TL abgeriebene Zitronenschale
200 g Weizenmehl
2 EL Speisestärke
1 TL Backpulver

Für die Creme:
1 Päckchen Puddingpulver
  Schokolade
2 TL Speisestärke
100 g Zucker
2 EL Kakao
500 ml Milch
300 g weiche Butter

Außerdem:
250 g Zartbitterkuvertüre
Butter für Form

Zubereitung:

1. Den Backofen auf 200 °C (Umluft 180 °C) vorheizen. Für den Teig die Butter schmelzen. Die Eier trennen. Die Eigelbe mit dem Zucker schaumig rühren. Das Salz, die Zitronenschale und die flüssige Butter einrühren. Das Mehl, die Stärke und das Backpulver mischen und portionsweise unterrühren. Die Eiweiße zu steifem Schnee schlagen und vorsichtig unterziehen. Den Teig in 6 Portionen teilen.

2. Eine Springform (Ø 26 cm) mit Butter einfetten. Aus den Teigportionen nacheinander in jeweils 6–8 Minuten 6 dünne Böden backen. Die Böden sofort aus der Form lösen und auf einem Kuchengitter auskühlen lassen.

3. Das Puddingpulver mit der Stärke, dem Zucker und dem Kakao in etwas kalter Milch glatt rühren. Die restliche Milch zum Kochen bringen, die angerührte Puddingmasse hineingeben und einmal kurz aufkochen lassen. Den Pudding vom Herd nehmen und abkühlen lassen.

4. Die weiche Butter schaumig schlagen und den Pudding esslöffelweise einrühren. 2–3 EL von der Creme für die Garnitur beiseitestellen. 5 der ausgekühlten Tortenböden mit der Creme bestreichen und aufeinandersetzen. Den letzten Boden abschließend aufsetzen.

5. Für den Überzug die Kuvertüre grob hacken, im heißen Wasserbad schmelzen und etwas abkühlen lassen. Sobald die Kuvertüre fest zu werden beginnt, die Torte mit einer breiten Palette ringsum mit Kuvertüre einstreichen. Die restliche Creme in einen Spritzbeutel mit Lochtülle füllen und die Torte damit verzieren. Danach kühl stellen und fest werden lassen.

Interessant!

Die Prinzregententorte ist hauptsächlich in Bayern verbreitet. Als Namensgeber gilt Luitpold Karl Joseph Wilhelm von Bayern, der von 1886 bis 1912 Prinzregent von Bayern war. Er übernahm die Regierungsgeschäfte von König Ludwig II. von Bayern und dessen Bruder Otto I. Die Torte soll in dieser Form erstmals 1911 anlässlich des 90. Geburtstags des Prinzregenten Luitpold gebacken worden sein.

Käsesahnetorte

Zutaten:

Für den Biskuit:
5 Eier
125 g Zucker
1 Prise Salz
75 g Weizenmehl
75 g Speisestärke
½ Päckchen Backpulver

Für die Füllung:
3 Päckchen weiße Gelatine,
　gemahlen
250 ml Milch
abgeriebene Schale von
　1 Zitrone, unbehandelt
1 EL Zitronensaft
200 g Zucker
4 Eigelb
500 ml süße Sahne
500 g Magerquark

Außerdem:
Puderzucker zum Bestäuben

Zubereitung:

1. Den Backofen auf 180 °C (Umluft 160 °C) vorheizen. Eine Springform (Ø 26 cm) mit Backpapier auslegen. Die Eier trennen und das Eigelb mit der Hälfte des Zuckers schaumig schlagen. Das Eiweiß mit dem Salz steif schlagen und den restlichen Zucker einrieseln lassen. Weiterschlagen, bis die Masse glänzt und Spitzen zieht. Den Eischnee auf die Eischaummasse setzen, das Mehl, die Speisestärke und das Backpulver darübersieben und alles vorsichtig unterheben. Den Teig in die Springform füllen und glatt streichen. Im Backofen in ca. 35 Minuten goldgelb backen. Herausnehmen und auskühlen lassen.

2. Die Gelatine nach Packungsanweisung auflösen. Die Milch mit der Zitronenschale, dem Zitronensaft und dem Zucker verrühren. Die Eigelbe unterrühren und alles in einem Topf erhitzen. Wenn die Creme beginnt, anzudicken, den Topf vom Herd nehmen und unter ständigem Rühren die Gelatine hinzufügen und auflösen. Die Creme abkühlen und im Kühlschrank gelieren lassen. Die Sahne steif schlagen und mit dem Quark nach und nach unter die Eigelbcreme rühren.

3. Den Biskuit einmal waagerecht halbieren. Einen Teigboden wieder in die Springform legen, die Quarkcreme darauf verteilen und glatt streichen. Den zweiten Boden auf die Füllung legen. Die Torte mindestens 2 Stunden kalt stellen und mit Puderzucker bestäubt servieren.

Baumkuchentorte
mit Schokoladenfächern

Zutaten:

Für den Teig:
250 g weiche Butter
250 g Zucker
6 Eier
125 g Weizenmehl
125 g Speisestärke
½ TL abgeriebene Zitronenschale, unbehandelt
Mark von 1 Vanilleschote
75 g Mandeln, gemahlen
2 cl Rum

Außerdem:
75 ml Orangenlikör
75 g Aprikosenkonfitüre
250 g Zartbitterkuvertüre
  (mind. 60 % Kakaoanteil)
Butter für die Form
Puderzucker zum Bestäuben

Zubereitung:

1. Den Ofen auf 240 °C (Umluft 220 °C) vorheizen. Den Boden einer Springform (Ø 24 cm) mit Backpapier auslegen. Die Ränder mit Butter einfetten.

2. Für den Teig die Butter mit dem Zucker schaumig rühren. Die Eier trennen, die Eigelbe nach und nach unter die Buttermasse rühren. Mehl und Speisestärke darübersieben, Zitronenschale, Vanillemark, Mandeln und Rum zufügen und alles zu einem glatten Teig verrühren. Die Eiweiße steif schlagen und unter die Masse ziehen.

3. 2–3 EL Teig auf den Boden der Form geben und gleichmäßig verstreichen. Auf der oberen Schiene des Backofens in 3–4 Minuten goldgelb backen, dann auf die gebackene Schicht erneut 2–3 EL Teig dünn verstreichen und wieder backen. So fortfahren, bis der Teig verbraucht ist. Jede der Schichten abwechselnd heller oder dunkler werden lassen, indem sie etwas länger oder kürzer gebacken werden.

4. Die fertige Baumkuchentorte in der Form abkühlen, vom Rand der Form lösen, auf ein Kuchengitter stürzen und auskühlen lassen. Anschließend mit einem dünnen Holzstäbchen Löcher in den Kuchen stechen und mit dem Orangenlikör beträufeln.

5. Die Aprikosenkonfitüre erwärmen, durch ein Sieb streichen und die Torte damit rundum bestreichen. Die Kuvertüre grob hacken, im heißen Wasserbad schmelzen und wieder abkühlen lassen. Etwa ⅕ der geschmolzenen Kuvertüre auf eine Marmorplatte (oder Arbeitsplatte aus Stein) gießen. Die Kuvertüre dünn verstreichen, etwas fest werden lassen und rasch mit einer Spachtel im Halbkreis zu Fächern schieben und erstarren lassen. Die restliche Kuvertüre auf den Kuchen gießen und mit einer Palette rundherum glatt streichen. Den Kuchen mit den Schokoladenfächern belegen und fest werden lassen. Mit Puderzucker bestäubt servieren.

Frankfurter Kranz

Zutaten:

Für den Boden:
250 g weiche Butter
250 g Zucker
½ TL abgeriebene Zitronenschale, unbehandelt
5 Eier
400 g Weizenmehl
100 g Speisestärke
1 Päckchen Backpulver
80 ml Milch

Für die Buttercreme:
1 Päckchen Puddingpulver Vanille
500 ml Milch
3 EL Zucker
1 EL Puderzucker zum Bestäuben
250 g weiche Butter
200 g Puderzucker

Außerdem:
2 EL Johannisbeergelee
300 g Haselnusskrokant zum Bestreuen
Belegkirschen zum Garnieren
Butter und Mehl für die Form

Zubereitung:

1. Den Backofen auf 180 °C (Umluft 160 °C) vorheizen. Eine große Kranzform (Ø 26 cm) mit Butter einfetten und mit Mehl ausstreuen.

2. Die Butter mit dem Zucker schaumig schlagen und die Zitronenschale dazugeben. Die Eier einzeln unterrühren und alles 4 Minuten schaumig schlagen. Das Mehl mit der Stärke und dem Backpulver vermischen, sieben und abwechselnd mit der Milch unter die Eimasse rühren. Den Teig sofort in die eingefettete Kranzform füllen und auf der mittleren Schiebeleiste etwa 1 Stunde backen.

3. Den Kranz in der Form etwas auskühlen lassen, aus der Form stürzen und auf einem Kuchengitter vollständig erkalten lassen. Den ausgekühlten Kuchen waagerecht in drei Teile schneiden.

4. Für die Buttercreme das Puddingpulver mit 4 EL Milch glatt rühren. Die restliche Milch mit dem Zucker in einem Topf zum Kochen bringen, die Puddingmilch dazugeben und den Pudding unter Rühren andicken lassen. Den Topf vom Herd nehmen, den Pudding in eine Schüssel füllen, mit 1 EL Puderzucker bestäuben und erkalten lassen. Die zimmerwarme Butter schaumig schlagen, den gesiebten Puderzucker nach und nach unterrühren, zuletzt den Pudding löffelweise einrühren.

5. Die beiden unteren Kranzteile mit ⅓ der Buttercreme bestreichen und zusammensetzen, dann das Johannisbeergelee auf der Torte verteilen und den gesamten Kranz mit der restlichen Buttercreme überziehen. Etwas Creme sollte für die Garnitur zurückbehalten werden. Den Kranz rundherum mit reichlich Krokant bestreuen. Bis zum Servieren kühl stellen. Erst kurz vor dem Servieren die restliche Creme in einen Spritzbeutel füllen und Tupfer auf den Kranz spritzen, auf die dann jeweils eine Belegkirsche gesetzt wird.

Interessant!

Der Frankfurter Kranz symbolisiert eine Krone. Die Krokanthülle soll das Gold darstellen, die roten Belegkirschen die Rubine. Diese Torte wird erstmals um 1735 erwähnt und hebt den historischen Status der Stadt Frankfurt a. M. als Krönungsstätte hervor.

Schokoladentorte

mit Himbeeren

Zutaten:

Für den Biskuit:

6 Eier
125 g Zucker
2 EL Vanillezucker
½ TL abgeriebene Zitronenschale, unbehandelt
125 g Vollkornmehl
1 TL Backpulver
50 g Walnüsse, gemahlen
1 EL Schokoladensplitter

Für den Belag:

450 ml Milch
1 Päckchen Puddingpulver Vanille
3 EL Zucker
300 g frische Himbeeren
250 g weiche Butter
450 g Zartbitterkuvertüre
75 g Schokoröllchen
Puderzucker zum Bestäuben

Zubereitung:

1. Den Backofen auf 180 °C (Umluft 160 °C) vorheizen. Den Boden einer Springform (Ø 24 cm) mit Backpapier auslegen.

2. Für den Biskuitteig die Eier trennen. Die Eigelbe mit dem Zucker, dem Vanillezucker und dem Zitronenabrieb schaumig rühren. Die Eiweiße steif schlagen und auf die Eigelbmasse setzen. Das Mehl mit dem Backpulver, den Nüssen und den Schokoladensplittern mischen, daraufgeben und alles behutsam zu einem luftigen Teig verarbeiten.

3. Den Teig in die Springform füllen und im Backofen in ca. 35 Minuten goldbraun backen. Auf ein Gitter stürzen, abkühlen lassen und einmal waagerecht durchschneiden.

4. Das Puddingpulver mit 3 EL Milch glatt rühren. Die restliche Milch mit dem Zucker zum Kochen bringen und die Puddingmilch langsam einrühren. Alles aufkochen, dann andicken lassen und den fertigen Pudding in eine Schüssel füllen. Beim Auskühlen gelegentlich umrühren oder mit Folie abdecken, sodass keine Haut entsteht.

5. Die Himbeeren verlesen und putzen. Die Kuvertüre grob hacken und im heißen Wasserbad schmelzen, dann vom Herd nehmen und etwas abkühlen lassen.

6. Einen Tortenboden auf eine Kuchenplatte setzen und mit einem Tortenring versehen. Die Butter schaumig rühren, den Pudding esslöffelweise dazugeben und alles zu einer glatten cremigen Masse rühren. Die Masse mit der Hälfte der Himbeeren mischen und auf den Tortenboden streichen. Den zweiten Tortenboden darauflegen und leicht andrücken. Für 2 Stunden in den Kühlschrank stellen.

7. Den Umfang und die Höhe der Torte ausmessen und einen Streifen Folie oder Backpapier in passender Größe zuschneiden. Die Folie mit der temperierten Kuvertüre bestreichen und leicht anziehen lassen (die Kuvertüre darf noch nicht ganz fest sein).

8. Den Tortenring vorsichtig entfernen und den Kuvertürestreifen um die Torte legen (Folie nach außen!). Leicht andrücken und vollständig fest werden lassen. Die Folie behutsam abziehen. Die Tortenoberfläche mit der übrigen Kuvertüre bestreichen und ebenfalls fest werden lassen. Mit den restlichen Himbeeren und den Schokoladenröllchen belegen und mit etwas Puderzucker bestäubt servieren.

Mandel-Schokoladen-Torte mit Callablüten

Zutaten:

Für den Biskuit:
6 Eier, getrennt
150 g Zucker
1 EL Vanillezucker
50 g Mandeln, gehäutet
   und gemahlen
100 g Mehl
2 EL Speisestärke

Für die Füllung:
300 g Zartbitterkuvertüre
   (50 % Kakaoanteil)
225 g Vollmilchkuvertüre
   (30 % Kakaoanteil)
275 ml süße Sahne
3 cl Cognac
200 g weiche Butter

Für die Glasur:
300 g Zartbitterkuvertüre
100 ml süße Sahne

Für die Fondant-Callablüten:
200 g Rollfondant, weiß
⅓ TL CMC Sugarcel
Puderzucker
gelbe Lebensmittelfarbe

Außerdem:
Butter und Semmelbrösel für
   die Form

Zubereitung:

1. Den Boden einer Springform (Ø 24 cm) mit Butter einfetten und mit Semmelbröseln bestreuen. Den Backofen auf 200 °C (Umluft 180 °C) vorheizen.

2. Die Eiweiße steif schlagen, den Zucker und den Vanillezucker nach und nach einrieseln lassen. Die Eigelbe und die Mandeln unterziehen. Das Mehl und die Speisestärke vermischen, über die Eimasse sieben und vorsichtig unterheben.

3. Den Teig in die Form füllen, glatt streichen und im Backofen ca. 35 Minuten backen. Herausnehmen und in der Form erkalten lassen. Vorsichtig herauslösen und zweimal waagerecht durchschneiden.

4. Für die Füllung die beiden Kuvertüresorten hacken und in eine Schüssel geben. Die Sahne aufkochen, über die gehackte Kuvertüre geben und unter Rühren schmelzen lassen. Den Cognac nach und nach unterrühren. Die Masse mindestens 4 Stunden abkühlen und ruhen lassen. Die Butter in kleine Stücke schneiden und nach und nach unter die Kuvertüre-Creme rühren.

5. Einen Tortenboden auf eine Kuchenplatte geben, mit einem hohen Tortenring versehen. Mit ⅓ der Creme bestreichen und einen weiteren Biskuitboden darauflegen. Wieder ⅓ der Creme auf dem Tortenboden verstreichen und den letzten Boden auflegen. Den Tortenring entfernen und die Torte mit der restlichen Creme rundherum einstreichen. Mindestens 2 Stunden kalt stellen. Die Torte auf ein Glasurgitter stellen. Die Zartbitterkuvertüre fein hacken. Die Sahne aufkochen, über die Kuvertüre gießen und diese unter Rühren schmelzen. Die Glasur abkühlen lassen, bis sie gerade noch flüssig ist. In einen Spritzbeutel geben und zuerst den Tortenrand mit Glasur bedecken. Die restliche Glasur auf die Torte geben, mit einer Palette verstreichen und fest werden lassen.

6. Für die Callablüten vom Rollfondant die benötigte Menge abnehmen und mit den Händen weich kneten.

7. Den Rollfondant mit dem CMC Sugarcell gründlich verkneten.

8. Für die Blütenblätter die Masse auf etwas Puderzucker oder einer Silikonmatte ca. 1 mm dick ausrollen. Mit einem Blütenblattausstecher die Blütenblätter ausstechen und das Ganze mit Frischhaltefolie abdecken, damit nichts austrocknet. Zum Verarbeiten immer nur ein Blatt entnehmen und den Rest sofort wieder abdecken!

9. Jedes Blütenblatt an den Rändern mit einem Teelöffel ausdünnen, dabei den Löffel immer wieder in Puderzucker tauchen, damit nichts anklebt.

10. Die Blätter an der Basis, d. h. an der breiten Seite, locker zusammenlegen, sodass sich die Grundform der Blüte ergibt.

11. Die Blüten jeweils in eine kleine Schüssel stellen und die Blütenränder über einen Pinselstil nach außen rollen.

12. Für den Blütenstempel etwas Rollfondant zu einem pinseldicken Stäbchen rollen und antrocknen lassen.

13. Mit Lebensmittelfarbe kolorieren.

14. Den Blütenstempel in das Blütenblatt schieben. Zum Befestigen etwas Rollfondant mit einigen Tropfen Wasser benetzen. Den Stempel damit bestreichen und in den Blütenblättern befestigen. Gut trocknen lassen.

15. Die Torte mit den Fondant-Callablüten dekorieren.

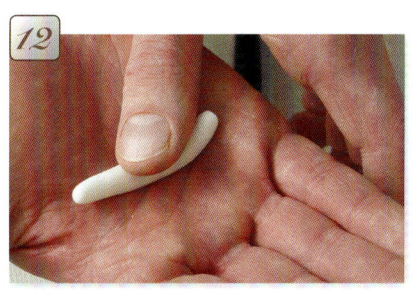

Punschtorte mit Marzipan

Zutaten:

Für den Boden (Wiener Masse):
80 g Butter
5 Eier
2 Eigelb
½ TL abgeriebene Zitronenschale, unbehandelt
150 g Zucker
150 g Weizenmehl
2 EL Speisestärke

Für die Füllung und den Belag:
4 EL Läuterzucker
4 EL Orangensaft
4 EL Rum
175 g Johannisbeergelee
150 g Aprikosenkonfitüre, ohne Stücke
100 g Marzipanrohmasse
1 EL Puderzucker

Zum Dekorieren:
150 g Fondant
Zuckercouleur oder dunkelbraune Lebensmittelfarbe zum Färben
100 g Mandeln, gehobelt und geröstet

Zubereitung:

1. Für den Wiener Boden eine Springform (Ø 26 cm) mit Backpapier auslegen. Den Backofen auf 200 °C (Umluft 180 °C) vorheizen.

2. Die Butter schmelzen. Die Eier, das Eigelb, die Zitronenschale und den Zucker in eine Schüssel geben und im warmen Wasserbad (max. 45 °C) mit dem Handrührgerät weißschaumig aufschlagen. Das Mehl und die Stärke mischen, auf die Schaummasse sieben und locker unterheben. Nach und nach die flüssige Butter unterziehen. Die Masse in die Springform geben und ca. 30 Minuten auf der mittleren Schiebeleiste backen.

3. Den fertigen Wiener Boden etwas abkühlen lassen und dann aus der Springform lösen. Den Boden auf ein mit Backpapier belegtes Kuchengitter stürzen und vollständig auskühlen lassen, dann zweimal waagerecht durchschneiden.

4. Den Läuterzucker mit dem Orangensaft und dem Rum mischen. Alle drei Böden mit der Mischung beträufeln. Den unteren und den mittleren Boden mit Johannisbeergelee bestreichen und alle Böden wieder aufeinandersetzen.

5. Die Aprikosenkonfitüre mit 1 EL Wasser mischen und unter Rühren aufkochen. Den Rand der Torte mit ¾ der heißen Konfitüre rundherum einpinseln.

6. Die Marzipanrohmasse auf etwas Puderzucker 2 bis 3 mm dick ausrollen, mit dem Ring der Backform einen Kreis ausstechen und diesen faltenfrei auf der Tortenoberfläche platzieren. Den Marzipankreis mit der restlichen heißen Aprikosenkonfitüre bepinseln und diese antrocknen lassen.

7. Den Fondant unter Rühren leicht erwärmen und ¾ davon auf der Oberfläche der Torte verstreichen.

8. Den restlichen Fondant mit der Zuckercouleur einfärben und in eine kleine Spritztüte füllen.

9. Die Spitze abschneiden und den gefärbten Fondant spiralförmig auf die Tortenoberfläche spritzen.

10. Mit einer hochkant gestellten Palette mit der Kante von der Mitte nach außen ohne Druck über den Fondant fahren. Die Kante der Palette nach jedem Zug mit einem feuchten Tuch reinigen.

11. Den Rand der Torte mit Mandelblättchen garnieren.

Himmelstorte

mit Erdbeeren

Zutaten:

Für den Boden:

5 Eier
250 g Butter
250 g Zucker
200 g Weizenmehl
1 TL Backpulver
75 g Mandeln, gemahlen
3 EL Kakaopulver
150 g Puderzucker

Für die Füllung:

2–3 EL Erdbeerkonfitüre
40–50 g Mandeln, gehobelt
400 g Erdbeeren
300 ml süße Sahne
1 EL Vanillezucker
1 Päckchen Sahnesteif

Außerdem

Puderzucker zum Bestäuben
Butter für die Form

Zubereitung:

1. Den Backofen auf 200 °C (Umluft 180 °C) vorheizen. Eine Springform (Ø 26 cm) mit Butter einfetten. Die Eier trennen. Die Butter mit dem Zucker schaumig schlagen. Die Eigelbe nach und nach unterrühren.

2. Das Mehl mit dem Backpulver, den Mandeln und dem Kakaopulver vermengen. Die Eiweiße mit dem Puderzucker steif schlagen und davon die Hälfte unter den Teig heben. Den Teig in die Springform füllen, glatt streichen und im Backofen ca. 40 Minuten backen.

3. Sobald der Boden fertig gebacken ist, den restlichen Eischnee wolkenartig darauf verteilen und unter dem Grill einige Minuten anbräunen lassen. Aus dem Backofen nehmen, kurz abkühlen lassen und aus der Form lösen. Auf einem Kuchengitter auskühlen lassen. Den Rand des Bodens rundherum mit warmer Konfitüre bestreichen, mit Mandelblättchen bestreuen und den Boden waagerecht halbieren.

4. Für die Füllung die Erdbeeren waschen, putzen und trocken tupfen. Die Sahne mit dem Vanillezucker und dem Sahnesteif steif schlagen und die Hälfte auf den Tortenboden streichen. Darauf die Erdbeeren setzen und die restliche Sahne darauf verteilen. Den Tortendeckel darauflegen und mit Puderzucker bestäubt servieren.

Stracciatella-Himbeercreme-Torte

Zutaten:

Für den Biskuit:
4 Eier
125 g Zucker
2 EL Vanillezucker
½ TL abgeriebene Zitronenschale, unbehandelt
125 g Weizenmehl
1 TL Backpulver
50 g Schokoladensplitter

Für die Füllung:
6 Blatt weiße Gelatine
250 g Himbeeren
2 Päckchen Vanillezucker
1–2 EL Zucker
300 ml süße Sahne

Zum Dekorieren:
8 Himbeeren
4 EL Schokolade, geschmolzen
Puderzucker

Zubereitung:

1. Den Backofen auf 180 °C (Umluft 160 °C) vorheizen. Den Boden einer Springform (Ø 20 cm) mit Backpapier auslegen.

2. Für den Teig die Eier trennen. Die Eigelbe mit dem Zucker, dem Vanillezucker und der abgeriebenen Zitronenschale schaumig rühren. Die Eiweiße steif schlagen und auf die Eigelbmasse setzen. Das Mehl mit dem Backpulver mischen, darübersieben, die Schokoladensplitter dazugeben und alles behutsam zu einem luftigen Teig verarbeiten.

3. Den Teig in die Springform füllen und im Backofen in ca. 35 Minuten goldbraun backen. Auf ein Gitter stürzen, abkühlen lassen und dreimal waagerecht durchschneiden.

4. Für die Füllung die Gelatine in kaltem Wasser einweichen. Die Himbeeren mit dem Vanillezucker aufkochen und durch ein Sieb streichen. Mit Zucker abschmecken. Die Gelatine ausdrücken und in der warmen Himbeermasse auflösen. Die Masse kalt stellen, bis sie fest zu werden beginnt. Die Sahne steif schlagen und unter die Himbeermasse ziehen. Etwa ⅓ der Creme in einen Spritzbeutel mit Sterntülle geben und kalt stellen. Mit der restlichen Creme die Torte schichten und ebenso rundherum damit bestreichen.

5. Auf die Oberfläche 8 Cremetupfen spritzen und mit je einer Himbeere garnieren. Die Torte kalt stellen, bis die Creme fest geworden ist. Mit der geschmolzenen Schokolade beträufeln. Zum Servieren dünn mit Puderzucker bestäuben.

Käse-Sahnetorte
mit Rosengelee

Zutaten:

Für den Mürbeteigboden:
150 g Weizenmehl
100 g weiche Butter
50 g Zucker
2–3 EL süße Sahne

Für den Biskuit:
4 Eier
125 g Zucker
1 Prise Salz
75 g Weizenmehl
1 TL Backpulver

60 g Speisestärke
10–15 g Instantkaffee

Für die Füllung:
10 Blatt weiße Gelatine
4 Eigelb
150 g Zucker
250 ml Milch
2 TL abgeriebene Zitronen-
　schale, unbehandelt

100 g Rosengelee
200 ml süße Sahne
500 g Magerquark
Zitronensaft

Außerdem:
5 EL Rosengelee
200 g Puderzucker
5–6 EL Milch
gezuckerte Rosenblätter und
　-blüten

Zubereitung:

1. Eine Springform (Ø 26 cm) mit Backpapier auslegen und den Backofen auf 180 °C (Umluft 160 °C) vorheizen.

2. Alle Zutaten für den Mürbeteig in eine Schüssel geben und zügig miteinander verkneten. Den Mürbeteig zwischen zwei Folien dünn ausrollen. Die Folie entfernen, den Teig auf den Boden der Springform legen und im Backofen ca. 20 Minuten backen. Aus dem Backofen nehmen und auskühlen lassen.

3. Für den Biskuit die Eier trennen und die Eigelbe mit der Hälfte des Zuckers schaumig schlagen. Die Eiweiße mit dem Salz steif schlagen, den restlichen Zucker einrieseln lassen und weiterschlagen, bis die Masse glänzt und Spitzen zieht. Den Eischnee auf die Eischaummasse setzen. Das Mehl mit dem Backpulver, der Speisestärke und dem Kaffeepulver mischen, darübersieben und alles unterheben.

4. Den Teig in eine Springform füllen, glatt streichen und im Backofen in ca. 35 Minuten goldgelb backen. Herausnehmen und auskühlen lassen.

5. Die Gelatine in kaltem Wasser einweichen. Die Eigelbe mit dem Zucker schaumig schlagen. Die Milch erhitzen, in einem dünnen Strahl zur Eigelbmasse gießen und alles wieder zurück in den Topf geben. Die Zitronenschale hinzufügen und die Mischung unter weiterem Schlagen einmal kurz aufwallen lassen. Anschließend das Rosengelee einrühren. Die Gelatine ausdrücken und unter Rühren in der heißen Milchcreme auflösen. Die Creme in den Kühlschrank stellen, bis sie fest zu werden beginnt. Die Sahne steif schlagen. Die Creme aus dem Kühlschrank nehmen und den Quark unterrühren. Anschließend die Sahne unterheben und mit Zitronensaft abschmecken.

6. Den Biskuit einmal waagerecht halbieren. Den Mürbeteigboden mit 5 EL Gelee bestreichen, mit einem Tortenring versehen und einen Biskuitboden darauflegen. Die Quarkmasse einfüllen und glatt streichen. Den zweiten Boden auf die Füllung legen. Die Torte mindestens 2 ½ Stunden kalt stellen.

7. Den Puderzucker mit der Milch zu einem dicken Guss verrühren. Die Torte aus dem Kühlschrank nehmen, den Tortenring entfernen und Oberfläche und Rand mit weißem Zuckerguss überziehen. Mit Rosenblättern und -blüten garnieren und antrocknen lassen.

Orangen-Basilikum-Torte mit Brombeeren

Zubereitung:

1. Den Backofen auf 200 °C (Umluft 180 °C) vorheizen. Den Boden einer Springform (Ø 18 cm) mit Butter einfetten und mit Mehl ausstreuen.

2. Das Mehl mit dem Backpulver, der abgeriebenen Orangenschale und dem Salz vermengen. Die Eier trennen. Die Eiweiße steif schlagen, den Zucker einrieseln lassen und noch etwas schlagen. Die Eigelbe mit dem Honig, dem Orangensaft und dem Orangenlikör schaumig schlagen. Die Mehlmischung unterziehen, dann den Eischnee unterheben.

3. Den Teig in die Backform füllen und im Backofen ca. 35 Minuten backen. Aus dem Ofen nehmen, auskühlen lassen, dann aus der Form lösen und einmal waagerecht halbieren.

4. Die Gelatine einweichen. Die Stärke mit dem Orangensaft, dem Zucker und dem Eigelb verrühren und unter Rühren aufkochen, bis die Masse bindet. Die Masse durch ein Sieb in eine Schüssel geben. Die Gelatine ausdrücken und in der heißen Masse auflösen. Die Masse kalt stellen, bis sie fest zu werden beginnt. Dann die Sahne steif schlagen und unterziehen. Eine Springform (Ø 20 cm) mit Frischhaltefolie auskleiden. Die Orangencreme bis zu einer Höhe von 2 cm einfüllen, einen Tortenboden darauflegen, wieder Creme einfüllen, mit Brombeeren belegen und den zweiten Tortenboden darauflegen. Wenn möglich darauf achten, dass auch der Tortenrand mit Creme bedeckt wird. Mit Folie abdecken und mindestens 4 Stunden kalt stellen.

5. Die Torte aus der Form auf eine Platte stürzen und die Folie abziehen. Mit den restlichen Brombeeren belegen. Die Basilikumblättchen mit Eiweiß bepinseln und in Zucker wälzen. Etwas antrocknen lassen und die Torte damit garnieren.

Tipp:

In den Herbst- und Wintermonaten können Sie die Brombeeren und die Orangen auch komplett durch Mandarinen ersetzen. Verwenden Sie anstelle von Orangenschale und -saft Mandarinenschale und -saft. Belegen Sie die Torte mit enthäuteten Mandarinenspalten.

Zutaten:

Für den Boden:
100 g Weizenmehl
1 TL Backpulver
1 TL abgeriebene Orangenschale,
  unbehandelt
1 Prise Salz
3 Eier
50 g Zucker
25 g Honig

1–2 EL Orangensaft
2 cl Orangenlikör

Für die Füllung:
4 Blatt weiße Gelatine
2 EL Speisestärke
500 ml Orangensaft
50 g Zucker
4 Eigelb

200 ml süße Sahne
200 g Brombeeren

Zum Dekorieren:
Basilikumblättchen
Eiweiß zum Bestreichen

Außerdem:
Butter und Mehl für die Form

Latte-Macchiato-Torte

Zutaten:

Für das Baiser:

5 Eiweiß
1 TL Zitronensaft
250 g Puderzucker
2 TL Speisestärke

6 Eier
50 g Speisestärke
200 g Weizenmehl
2 EL Schokoraspel
40 g Kakaopulver

1 EL Kaffeepulver
150–200 ml kalter Espresso
5 Blatt weiße Gelatine
200 ml süße Sahne

Für den Teig:

250 g weiche Butter
300 g Zucker
1 Päckchen Vanillezucker

Für die Creme:

600 g Mascarpone
200 g Zucker

Für den Belag:

150 g weiße Kuvertüre
250 g Amaretti

Zubereitung:

1. Den Backofen auf 80 °C (Umluft 60 °C) vorheizen. Für das Baiser die Eiweiße steif schlagen. Dabei nach und nach den Zitronensaft und den Puderzucker unterschlagen, bis die Masse weiß glänzend und schnittfest ist. Die Stärke darübersieben und unterziehen. Die Baisermasse in einen Spritzbeutel mit Lochtülle geben und einige Tropfen mit 2–3 cm Ø auf ein mit Backpapier belegtes Backblech spritzen. Die Baisertropfen im Backofen etwa 2–3 Stunden trocknen, dabei den Backofen einen Spalt offen lassen. Gegebenenfalls die Backzeit erhöhen und die Temperatur zurückschalten. Das Baiser soll weiß bleiben. Die fertigen Baisertropfen herausnehmen und auskühlen lassen.

2. Den Backofen auf 180 °C (Umluft 160 °C) hochschalten. Die Butter mit 200 g Zucker und dem Vanillezucker schaumig schlagen. Die Eier trennen und nach und nach die Eigelbe unter die Buttermasse schlagen. Die Speisestärke und das Mehl darübersieben. Das Eiweiß mit dem restlichen Zucker steif schlagen und vorsichtig unterheben. ⅓ des Teigs abnehmen, mit den Schokoraspeln mischen und einen 5 cm breiten Streifen auf ein mit Backpapier belegtes Backblech streichen. Im Backofen ca. 10 Minuten backen.

3. In der Zwischenzeit das Kakaopulver unter den übrigen Teig ziehen und verrühren. Den fertigen Kuchenstreifen aus dem Ofen nehmen und abkühlen lassen. Den Boden einer Springform (Ø 26 cm) ebenfalls mit Backpapier auslegen, den Schokoteig einfüllen, glatt streichen und ca. 30–35 Minuten im heißen Backofen backen, gegebenenfalls mit Alufolie abdecken. Herausnehmen und auskühlen lassen.

4. Für die Creme 400 g Mascarpone mit dem Zucker, dem Kaffeepulver und dem kalten Espresso verrühren. Die Gelatine in kaltem Wasser einweichen. Die Sahne steif schlagen und nach und nach unter die Mascarpone-Creme ziehen. Die Gelatine gut ausdrücken und in einem Topf auflösen. 2–3 EL der Creme mit der Gelatine verrühren, wieder zurück zu der restlichen Creme geben und glatt rühren. Den Schokobden aus der Form lösen und einmal waagerecht halbieren.

5. Einen Schokoboden auf eine Kuchenplatte legen, mit dem hellen Kuchenstreifen umschließen und alles mit einem Tortenring fixieren. Die Baisertropfen auf den Boden setzen und die Latte-Macchiato-Creme darübergeben. Sorgfältig verstreichen, sodass alle Baisertropfen bedeckt sind, mit dem zweiten Biskuitboden abschließen. Die Kuvertüre grob hacken und im heißen Wasserbad schmelzen. Vom Herd nehmen und abkühlen lassen. Den restlichen Mascarpone mit der noch flüssigen Kuvertüre verrühren, in einen Spritzbeutel mit Lochtülle füllen und die Tortenoberfläche mit kleinen Kuvertüretropfen verzieren. Die Amaretti in einen Gefrierbeutel geben und mit einem Nudelholz zerbröseln, auf den Kuvertüretropfen verteilen. Die Torte mindestens 2 Stunden in den Kühlschrank stellen. Dann den Tortenring lösen und die Torte servieren.

Teepunschtorte

mit Essblüten

Zutaten:

Für den Biskuit:
3 Eier
90 g Zucker
1 Päckchen Vanillezucker
90 g Weizenmehl
1 TL Backpulver
1 EL Kakao
1 EL Haselnüsse, gemahlen

Für die Punschcreme:
500 g Magerquark
500 g Schmand
80 g Puderzucker
70 ml Jasminblütentee
2 cl Marillenschnaps
1 TL Holunderblütensirup
Saft von ½ Zitrone
1 Msp. Kardamom, gemahlen
1 Msp. Gewürznelke, gemahlen
½ TL Zimt, gemahlen

10 Blatt weiße Gelatine
200 ml süße Sahne

Zum Dekorieren:
150 ml süße Sahne
200 g Kandiszucker, grob zerstoßen
einige essbare Blüten zum Verzieren

Zubereitung:

1. Den Backofen auf 170 °C (Umluft 150 °C) vorheizen. Für den Biskuit die Eier trennen. Die Eiweiße mit dem Zucker und dem Vanillezucker steif schlagen. Die Eigelbe unterrühren. Das Mehl sieben, mit dem Backpulver mischen und mit dem Kakao und den Haselnüssen unter die Schaummasse heben.

2. Eine Springform (Ø 26 cm) mit Backpapier auslegen, die Biskuitmasse einfüllen und glatt streichen. Im Backofen 10–15 Minuten backen. Den Biskuitboden aus dem Backofen nehmen, abkühlen lassen, aus der Form lösen und das Backpapier vorsichtig entfernen. Den Biskuitboden waagerecht in zwei Hälften schneiden.

3. Den Quark, den Schmand, den Puderzucker, den Tee, den Marillenschnaps, den Holunderblütensirup, den Zitronensaft und die Gewürze miteinander vermischen. Die Gelatine in etwas Wasser einweichen, dann tropfnass in einem Topf bei geringer Hitze auflösen. Anschließend mit 2 EL der Punschcreme verrühren und unter die restliche Creme mischen. Die Mischung in den Kühlschrank stellen, bis die Creme fest zu werden beginnt. 200 ml Sahne steif schlagen und unter die Punschcreme heben.

4. Einen Biskuitboden mit einem Tortenring versehen. Die Punschcreme einfüllen und glatt streichen. Den zweiten Boden auf die Creme setzen und über Nacht in den Kühlschrank stellen. 150 ml Sahne steif schlagen. Den Tortenring lösen und die Torte rundum mit der Sahne überziehen.

5. Einen Bogen Backpapier in 2 cm breite Streifen schneiden und als Schablone auf die Tortenoberfläche legen. Nun die Torte rundum mit Kandiszucker bestreuen. Die Papierstreifen vorsichtig entfernen und die Teepunschtorte nach Belieben mit essbaren Blüten garniert servieren.

Tipp:

Als Essblüten können Sie je nach Saison alle ungiftigen Blüten verwenden: Hornveilchen, Gänseblümchen, Phlox, Kapuzinerkresse usw.

Kaffeecremetorte

mit Bananen

Zutaten:

Für den Boden (Wiener Masse):
40 g Mandeln, geschält und gemahlen
100 g Weizenmehl
5 Eier
1 Prise Salz
80 g Zucker
20 g Butter

Für die Füllung:
500 ml Milch
70 g Zucker
2 EL löslicher Kaffee
20 g Speisestärke
2 Eigelbe
2 cl Kaffeelikör
250 g weiche Butter
50 g Puderzucker
3 Bananen
Saft von ½ Limette

Zum Dekorieren:
250 g Marzipanrohmasse
Puderzucker zum Ausrollen
120 g Zartbitterkuvertüre
7 Bananenscheiben (0,5 cm dick)
10 Macadamianüsse
250 ml süße Sahne
etwas Kaffeepulver zum Bestäuben
7 Zuckerveilchen
Puderzucker

Wenn Sie kein Karierholz besitzen, können Sie das Muster auf dem Marzipanstreifen ersatzweise auch mit einem Fleischklopfer oder einer Küchenreibe erzielen.

Zubereitung:

1. Den Backofen auf 180 °C (Umluft 160 °C) vorheizen. Für den Boden die gemahlenen Mandeln mit dem gesiebten Mehl vermischen. Die Eier trennen. Die Eiweiße mit dem Salz zu Schnee schlagen. Die Hälfte des Zuckers einrieseln lassen und weiter schlagen, bis die Masse steif und glänzend ist. Die Butter schmelzen. Die Eigelbe mit dem restlichen Zucker, der geschmolzenen Butter und 1–2 EL warmem Wasser schaumig rühren. Die Mehl-Mandel-Mischung unterheben, dann den Eischnee unterziehen.

2. Den Boden einer Springform (Ø 26 cm) mit Backpapier auslegen, die Masse einfüllen und die Oberfläche glatt streichen. Den Boden im Backofen auf der mittleren Schiebeleiste 20–30 Minuten backen. Den Boden vom Rand lösen und am besten über Nacht auskühlen lassen, dann zweimal waagerecht durchschneiden, sodass 3 Böden entstehen. Den untersten Boden mit einem Tortenring versehen.

3. Von der Milch für die Füllung einige Esslöffel zurückbehalten. Die restliche Milch mit 40 g Zucker und dem Kaffee aufkochen. Den übrigen Zucker, die Speisestärke und die Eigelbe mit der zurückbehaltenen Milch gründlich verrühren, in die heiße Milch einrühren und einige Male aufwallen lassen. Etwas Puderzucker über die Milch sieben, kurz abkühlen lassen und dann den Kaffeelikör unterziehen. Die Creme ganz auskühlen lassen und durch ein Sieb streichen. Die Butter mit dem Puderzucker schaumig rühren, die Creme löffelweise unterrühren. Etwa ⅓ der Creme auf dem Boden im Tortenring verstreichen.

4. Die Bananen schälen, längs halbieren und in die Creme drücken, sodass sie ganz bedeckt sind. Einen Biskuitboden darauflegen, leicht andrücken und die Füllung aus Creme und Bananen wiederholen. Das Ganze mit dem letzten Biskuitboden abdecken. Den Tortenring entfernen. Die Torte mit der restlichen Creme überziehen und mindestens 2 Stunden kühl stellen.

5. Das Marzipan auf einer mit Puderzucker bestäubten Arbeitsfläche zu einem Streifen ausrollen, dessen Breite der Tortenhöhe und dessen Länge dem Umfang der Torte entspricht. Mit einem Karierholz auf dem Streifen Karos eindrücken oder das Marzipan stattdessen auf einer strukturierten Fläche ausrollen. Den Marzipanstreifen um den Tortenrand legen und gut andrücken.

6. Für die Dekoration die Kuvertüre im heißen Wasserbad schmelzen. Die Bananenscheiben in die Kuvertüre tauchen, gut abtropfen lassen, auf Pergamentpapier legen, trocknen lassen und mit Puderzucker bestäuben. Die Kuvertüre in eine Pergamentpapierspritztüte füllen. Die Macadamianüsse nebeneinander auf Pergamentpapier setzen und streifig mit der Kuvertüre überziehen. Ein Gitter aus Kuvertüre auf Pergamentpapier spritzen, trocknen lassen und in unregelmäßige Stücke brechen. Die Sahne steif schlagen. Mit einem Teil der Sahne die Oberfläche der Torte gleichmäßig bestreichen. Die restliche Sahne in einen Spritzbeutel mit Lochtülle füllen und vierzehn große und vierzehn kleine Tupfen auf die Oberfläche spritzen. Die Tupfen mit dem Kaffeepulver leicht bestäuben. Die Torte mit den Schokobananen, den Macadamianüssen, den Schokoladengitterstücken und den Zuckerveilchen garnieren und mit Puderzucker bestäubt servieren.

Blaubeer-Eistorte

Zutaten:

Für das Eis:
400 ml Milch
200 ml süße Sahne
1 Vanilleschote
6 Eigelb
180 g Zucker

Für den Boden:
150 g Cornflakes
200 g Vollmilchkuvertüre

Außerdem:
500 g Heidelbeeren
100 g Zucker

Tipp:

Je nach Saison und Verfügbarkeit können zur Herstellung dieser Torte auch Himbeeren, Brombeeren, Erdbeeren oder Kirschen verarbeitet werden. Verwenden Sie unbedingt frische Eier!

Zubereitung:

1. Die Milch und die Sahne in einen Topf geben. Die Vanilleschote längs aufschneiden und das Vanillemark herauskratzen. Das Mark sowie die Vanilleschote in die Sahnemilch geben und alles aufkochen.

2. Die Eigelbe mit dem Zucker im heißen Wasserbad cremig schlagen, herausnehmen und die etwas abgekühlte Milch langsam in die Eigelbcreme rühren. Dann alles zurück in den Topf gießen, die Vanilleschote entfernen und auf kleiner Flamme mit einem Holzspatel rühren, bis die Creme dickflüssig wird. Sie darf jedoch keinesfalls aufkochen. Die Vanillecreme dann auf Eiswasser abkühlen lassen und dabei gelegentlich umrühren. Die Creme nun in die Eismaschine geben und fertigstellen. (Sollte keine Eismaschine verfügbar sein, die Creme in eine flache Metallschale füllen und im Gefriergerät mindestens 4 Stunden gefrieren lassen. Die Creme während der ersten Stunde immer wieder gut durchrühren, damit sich keine großen Kristalle bilden).

3. Die Cornflakes mit einem Nudelholz zerbröseln. Die zerkleinerte Kuvertüre im heißen Wasserbad schmelzen und mit den Cornflakes vermischen. Daraus zwei Böden (Ø 22 cm) herstellen. Die Masse dazu am besten in zwei mit Backpapier ausgelegte Springformen füllen und im Kühlschrank fest werden lassen.

4. In der Zwischenzeit die Heidelbeeren waschen, verlesen und gut abtropfen lassen. Die Beeren mit dem Zucker mischen und ca. 1 Stunde ziehen lassen. Dann die Hälfte der Beeren pürieren und mit den übrigen Beeren mischen. Einige Heidelbeeren zum Dekorieren beiseitestellen. Die Beerenmischung locker unter die noch cremige Eismasse heben, sodass ein Marmormuster entsteht.

5. Die Hälfte der Eismasse auf einem der Böden verstreichen und den zweiten Boden darauflegen. Die restliche Eismasse nochmals durchmischen und auf dem zweiten Boden verstreichen. Für ca. 2 Stunden ins Gefriergerät stellen. Die Torte 30 Minuten vor dem Servieren in den Kühlschrank stellen und die zurückbehaltenen Heidelbeeren auf der Tortenoberfläche verteilen.

Weiße
Schokoladeneistorte
mit Beeren

Zutaten:

Für den Biskuit:
3 Eier
1 Prise Salz
120 g Zucker
1 Päckchen Vanillezucker
100 g Weizenmehl
1 Msp. Backpulver
50 g Haselnüsse, gemahlen

Für den Creme-Überzug:
300 g weiße Schokolade
3 Eier
2 cl Orangenlikör
250 ml süße Sahne
500 g gemischte Beeren

Außerdem:
Butter und Mehl für die Form

Zubereitung:

1. Den Backofen auf 180 °C (Umluft 160 °C) vorheizen. Den Boden einer Springform (Ø 26 cm) mit Butter einfetten und mit Mehl ausstreuen. Die Eier trennen und die Eiweiße mit dem Salz und 4 EL kaltem Wasser zu einem steifen Schnee schlagen. Den Zucker und den Vanillezucker dabei nach und nach einrieseln lassen. Die Eigelbe unterziehen. Das Mehl mit dem Backpulver vermischen, über die Eimasse sieben und mit den Nüssen vorsichtig unterheben.

2. Den Teig sofort in die vorbereitete Form füllen und im Backofen in 40–50 Minuten hell backen. Den Teig aus der Form stürzen und auf einem Kuchengitter auskühlen lassen.

3. Für den Überzug die Schokolade fein hacken. Die Eier im heißen Wasserbad schaumig schlagen, die Schokolade unterrühren und weiterschlagen, bis sie geschmolzen ist. Den Likör einrühren und lauwarm abkühlen lassen. Die Sahne steif schlagen und unterheben. Den ausgekühlten Kuchen mit der Creme bestreichen und im Gefriergerät 3 Stunden gefrieren. Die Beeren waschen, verlesen und abtropfen lassen. Die gekühlte Torte mit den Beeren garniert servieren.

Tipp:

Die geschmolzene Schokolade bekommt einen seidigen Glanz, wenn Sie zunächst ⅔ der gehackten Schokolade im Wasserbad bei geringer Temperatur schmelzen, und dann die restliche gehackte Schokolade dazugeben. Durch das spätere Hinzufügen des restlichen Drittels wird die Masse etwas abgekühlt. Zu viel Hitze lässt sie stumpf werden.

Geburtstagstorte

mit bunten Schokolinsen

Tipp:

Eisbombenformen sind in verschiedenen Materialien, meist Edelstahl oder Kunststoff, erhältlich. Handelsübliche Größen liegen zwischen 8 und 20 cm Ø. Da bei der Tortenherstellung in einer Eisbombenform keine Hitze nötig ist, kann anstatt einer speziellen Form auch eine geeignete Haushaltsschüssel mit rundem Boden verwendet werden.

Zutaten:

Für den Biskuit:
4 Eier
120 g Zucker
1 Päckchen Vanillezucker
1 Prise Salz
100 g Weizenmehl
30 g Speisestärke

Für die Füllung:
4 Blatt weiße Gelatine
100 g weiße Kuvertüre
100 g Nugat
50 ml Ananassaft
2 Eier
4 Scheiben Ananas (Dose)
400 ml süße Sahne
120 g Johannisbeergelee

Zum Dekorieren:
125 g Schokoladenglasur
bunte Schokolinsen
1 Belegkirsche
75 g weiße Kuvertüre

Zubereitung:

1. Den Backofen auf 180 °C (Umluft 160 °C) vorheizen. Die Eier trennen. Die Eigelbe in eine Schüssel geben und mit 2 EL warmem Wasser schaumig schlagen. Zucker und Vanillezucker dazugeben und cremig schlagen. Die Eiweiße mit dem Salz steif schlagen, auf die Eimasse geben, Mehl und Stärke darübersieben und alles vorsichtig unterziehen. Ein Backblech mit Backpapier auslegen, den Teig daraufgeben und glatt streichen. Im Backofen in ca. 15 Minuten goldgelb backen. Herausnehmen, auf ein mit Zucker bestreutes Tuch stürzen, das Backpapier abziehen und auskühlen lassen.

2. Für die Füllung die Gelatine in etwas kaltem Wasser einweichen. Die weiße Kuvertüre zerkleinern und mit dem Nugat im heißen Wasserbad schmelzen. Den Ananassaft leicht erwärmen, die Gelatine ausdrücken und darin auflösen. Die Eier schaumig schlagen und die geschmolzene Kuvertüremischung einrühren, 2–3 EL davon in die warme Gelatine rühren. Dann die Gelatine in den restlichen Eischaum einrühren. Die Ananasscheiben in feine Würfel schneiden und ebenfalls unterrühren. Die Sahne steif schlagen und unter die Masse heben, sobald sie zu gelieren beginnt.

3. Die Biskuitplatte mit Johannisbeergelee bestreichen und in 3 cm breite Streifen schneiden. ¼ der Ananassahne in eine mit Frischhaltefolie ausgekleidete Eisbombenform geben. Dann eine dichte Lage Biskuitstreifen mit der bestrichenen Seite nach unten auf die Ananassahneschicht in die Form legen. Die Biskuitstreifen eventuell etwas zurechtschneiden, damit sie besser in die Form passen. Eine weitere Schicht Ananassahne einfüllen, dann wieder Biskuitstreifen auflegen. Auf diese Weise fortfahren, bis die Eisbombenform gefüllt ist. Mit einer Lage Biskuitstreifen abschließen. Die Torte über Nacht kalt stellen.

4. Für den Schokoladenüberzug die Schokoladenglasur im heißen Wasserbad schmelzen. Die Torte auf ein Kuchengitter stürzen und mit der Glasur überziehen. Sie gleitet besser aus der Form, wenn Sie diese kurz in heißes Wasser tauchen. Als bunte Halskrause die Schokolinsen in die Glasur drücken. Die Belegkirsche als Nase ansetzen. Kalt stellen, bis die Glasur fest geworden ist. Die weiße Kuvertüre im heißen Wasserbad schmelzen und in einen Gefrierbeutel füllen. Eine winzig kleine Spitze abschneiden und ein Gesicht auf die Torte spritzen.

5. Damit die Torte beim Schneiden nicht sofort die Form verliert, sollte ein großes Sägemesser benutzt werden.

Rüblitorte
zum Geburtstag

Zutaten:

Für den Teig:
300 g Karotten
6 Eier
250 g Zucker
1 Msp. Salz
Saft und Schale von
   1 Limette, unbehandelt
300 g Haselnüsse, gemahlen
100 g Weizenmehl

Zum Dekorieren:
150 g Mascarpone
250 g Frischkäse
100 g Puderzucker
Saft und Schale von
   2 Limetten, unbehandelt
kleine Marzipankarotten

Zubereitung:

1. Den Backofen auf 200 °C (Umluft 180 °C) vorheizen. Den Boden einer Springform (Ø 26 cm) mit Backpapier auslegen. Die Karotten schälen, putzen und fein raspeln.

2. Die Eier trennen. In einer Schüssel die Eigelbe mit ⅓ des Zuckers, dem Salz, der Limettenschale und dem -saft schaumig rühren. Die Eiweiße steif schlagen, dabei den restlichen Zucker einrieseln lassen und weiter schlagen, bis ein schnittfester Eischnee entstanden ist. Die Nüsse mit dem Mehl und den geraspelten Karotten vermischen. ⅓ des Eischnees unter das Eigelb ziehen und alles gut vermischen. Den übrigen Eischnee daraufgeben und die Karottenmischung darüberstreuen. Alles vorsichtig unterheben.

3. Den Teig in die Springform füllen, glatt streichen und im Backofen ca. 60 Minuten backen. Den Kuchen herausnehmen, über Nacht in der Form auskühlen lassen und dann herauslösen.

4. Zum Verzieren den Mascarpone mit dem Frischkäse, dem Puderzucker, der Limettenschale und dem -saft cremig rühren. Damit die Torte rundherum großzügig einstreichen und mit den Marzipankarotten garniert servieren.

Apfel-Möhren-Torte zu Ostern

Zutaten:

Für den Teig:
150 g Karotten
150 g säuerliche Äpfel,
   z. B. Granny Smith
1 EL Zitronensaft
6 Eigelb
250 g Zucker
1 Msp. Salz
Schale von 1 Zitrone, unbehandelt
6 Eiweiß
300 g Walnüsse, gemahlen
100 g Weizenmehl

Für die Creme:
6 Blatt weiße Gelatine
300 g Frischkäse
75 g Zucker
200 ml süße Sahne

Zum Dekorieren:
12 Marzipankarotten
3 Marzipanäpfel

Zubereitung:

1. Den Backofen auf 200 °C (Umluft 180 °C) vorheizen. Die Karotten putzen und sehr fein reiben. Die Äpfel schälen, vierteln, vom Kerngehäuse befreien und raspeln. Mit dem Zitronensaft mischen. In einer Schüssel die Eigelbe mit ⅓ des Zuckers, mit dem Salz und der Zitronenschale schaumig rühren. Die Eiweiße steif schlagen, dabei den restlichen Zucker einrieseln lassen und weiter schlagen, bis ein schnittfester Eischnee entstanden ist. Die gemahlenen Nüsse mit dem Mehl, den geriebenen Karotten und den geraspelten Äpfeln vermischen. ⅓ des Eischnees unter das Eigelb geben und gut vermischen. Dann den übrigen Eischnee daraufgeben und die Nussmischung darüberstreuen. Alles mit einem Holzlöffel vorsichtig unterheben.

2. Den Boden einer hohen Springform (Ø 22 cm) mit Backpapier auslegen. Den Teig einfüllen, glatt streichen und im Backofen ca. 60 Minuten backen. Herausnehmen und den Kuchen über Nacht in der Form auskühlen lassen.

3. Die Gelatine in kaltem Wasser einweichen. Den Frischkäse mit dem Zucker verrühren. Die Gelatine tropfnass in einem Topf bei geringer Hitze schmelzen, 2 EL von dem Frischkäse einrühren und alles unter den restlichen Frischkäse rühren. Die Sahne steif schlagen und unterheben. Den Kuchen zweimal waagerecht durchschneiden und jeden Boden mit der Creme locker bestreichen.

4. Die Böden vorsichtig übereinandersetzen, die Oberfläche mit Marzipankarotten sowie -äpfeln garnieren und den Kuchen für 2 Stunden in den Kühlschrank stellen.

Himbeertorte

zum Muttertag

Zutaten:

Für den Biskuit:

5 Eier
100 g Zucker
2 EL Vanillezucker
abgeriebene Schale von
   1 Zitrone, unbehandelt
100 g Weizenmehl
2 TL Backpulver
30 g Speisestärke

Für die Creme:

500 g frische Himbeeren
10 Blatt weiße Gelatine
500 g Magerquark
250 g Naturjoghurt
75 g Puderzucker
2 EL Vanillezucker
4 cl Aprikosenlikör
250 ml süße Sahne
1 Päckchen Sahnesteif

Zubereitung:

1. Den Backofen auf 200 °C (Umluft 180 °C) vorheizen. Die Eier trennen. Die Eiweiße mit 1 Prise Zucker steif schlagen. Die Eigelbe mit 4 EL kaltem Wasser, dem Zucker, dem Vanillezucker und der Zitronenschale schaumig rühren. Das Mehl, das Backpulver und die Stärke nach und nach mit dem Eischnee unter die Eigelbmasse heben. Den Boden einer Herz-Springform (24 cm) einfetten und die Masse einfüllen. Im Backofen 35–40 Minuten backen. Anschließend den Biskuit herausnehmen, abkühlen lassen, aus der Form lösen und waagerecht halbieren.

2. Die Himbeeren verlesen und ca. 200 g fein pürieren. Einige Himbeeren zum Verzieren aufbewahren. Die Gelatine in reichlich kaltem Wasser einweichen. Den Quark mit dem Joghurt, dem Himbeerpüree, dem Puderzucker und dem Vanillezucker glatt rühren. Die Gelatine ausdrücken, mit dem Likör in einen kleinen Topf geben und bei geringer Hitze schmelzen lassen, 2–3 EL Quarkcreme einrühren. Diese Mischung dann zügig unter die restliche Creme ziehen. Die Sahne mit Sahnesteif steif schlagen, unter die Quarkcreme heben und etwa ⅓ auf den Tortenboden streichen. Den Biskuitdeckel auflegen und leicht andrücken. Mit etwa der Hälfte der restlichen Creme rundherum bestreichen. In der Mitte etwas mehr Creme auftragen, damit das Herz plastischer wirkt.

3. Die restliche Creme in einen Spritzbeutel mit gezackter Tülle füllen und die Torte damit verzieren. Mit den restlichen Himbeeren belegen. Mindestens 2 Stunden kalt stellen.

Tipp:

Für die Creme können Sie auch tiefgekühlte Himbeeren verwenden. Dekorieren sollten Sie die Torte jedoch unbedingt mit frischen Himbeeren, da tiefgekühlte beim Auftauen zusammenfallen.

Whiskey-Torte
zum Vatertag

Zutaten:

Für den Biskuit:
4 Eier
180 g Zucker
100 g Weizenmehl
½ Päckchen Backpulver
100 g Walnüsse, gemahlen

Für die Füllung:
500 ml süße Sahne
1 Päckchen Sahnesteif
2 EL Vanillezucker
4 EL Kakaopulver
3 EL Whiskey

Zum Dekorieren:
100 g Mandelstifte, geröstet
Schokoladenraspel oder
  Schokoladenröllchen

Außerdem:
Butter und Semmelbrösel für die Form

Zubereitung:

1. Den Backofen auf 180 °C (Umluft 160 °C) vorheizen. Die Eier trennen. Die Eiweiße steif schlagen, dabei nach und nach den Zucker einrieseln lassen. Die Eigelbe verquirlen und unterziehen. Das Mehl mit dem Backpulver und den Walnüssen mischen und unterheben.

2. Den Boden einer Springform (Ø 26 cm) mit Backpapier auslegen, den Rand einfetten und mit Semmelbröseln ausstreuen. Den Teig einfüllen, glatt streichen und im Backofen 30–35 Minuten backen. Den fertigen Boden aus den Ofen nehmen, abkühlen lassen und zweimal waagerecht durchschneiden.

3. Die Sahne mit dem Sahnesteif und dem Vanillezucker steif schlagen. 5 EL zum Verzieren beiseitestellen. Den Kakao mit dem Whiskey unter die Sahne rühren. Die Sahnecreme auf die beiden Böden streichen und diese zusammensetzen. Die Torte mit der restlichen Creme überziehen. Die Oberfläche mit Sahnetupfen und den Tortenrand mit den gerösteten Mandelstiften verzieren. Nach Belieben zusätzlich mit Schokoladenraspeln oder Schokoladenröllchen garnieren. Die Torte gut gekühlt servieren.

Hochzeitstorte

mit Marzipanfrüchten

Zutaten:

Beim Bereitstellen der Zutaten für die Tortenböden sollten Sie berücksichtigen, dass zur Herstellung der Hochzeitstorte in jeder Größe jeweils 2 Böden gebacken werden müssen.

Für 1 Boden (Wiener Masse) im Backrahmen 30 x 30 cm:
90 g Butter
6 Eier
175 g Zucker
150 g Weizenmehl
4 Tropfen Bittermandelaroma
100 g Mandeln, gemahlen

Für 1 Boden (Wiener Masse) im Backrahmen 20 x 20 cm:
60 g Butter
4 Eier
110 g Zucker
100 g Weizenmehl
65 g Mandeln, gemahlen
2 Tropfen Bittermandelaroma

Für die Füllung und die Dekoration:
200 ml Läuterzucker
8 cl Birnenlikör
750 g Feigenkonfitüre mit Rotwein (Feinkostgeschäft)
3½–4 kg backfertiges Marzipan
1 Eiweiß
Lebensmittelfarbe

Zubereitung:

1. Ein Backblech mit Backpapier auslegen und den Backrahmen (30 x 30 cm) daraufstellen. Den Backofen auf 180 °C (Umluft 160 °C) vorheizen. Die Butter in einem kleinen Topf langsam schmelzen. Die Eier trennen, Eigelbe und Eiweiße in zwei separate Rührschüsseln geben. Die Eigelbe mit dem Zucker mischen und mit dem Handrührgerät cremig schlagen. Das Mehl darübersieben, dabei noch nicht rühren! Die flüssige, lauwarme Butter und das Bittermandelaroma dazugeben.

2. Die Eiweiße zu steifem Schnee schlagen. ⅓ des Eischnees vorsichtig unter die Eiercreme rühren. Die Mandeln darüberstreuen. Den restlichen Eischnee auf die Masse geben, alles vorsichtig mischen und behutsam unterheben. Die Masse in die vorbereitete Form füllen und glatt streichen. Im Backofen in 35–40 Minuten goldbraun backen. Aus dem Backofen nehmen und aus dem Backrahmen lösen, auf ein Kuchengitter stürzen und das Backpapier vorsichtig abziehen. Ca. 60 Minuten auskühlen lassen.

3. Mit demselben Backrahmen und denselben Mengenangaben den Kuchen noch einmal backen und auskühlen lassen. Für die obere Etage genauso verfahren und auch 2-mal denselben Boden backen, dabei die kleineren Mengenangaben beachten und den kleineren Backrahmen (20 x 20 cm) verwenden.

4. Die ausgekühlten Böden (30 x 30) jeweils einmal waagerecht durchschneiden und eine Hälfte (die unteren Böden) auf die Arbeitsplatte legen. Den Läuterzucker mit dem Birnenlikör mischen und die Böden mit der Hälfte davon beträufeln. Die Konfitüre mit ca. 60 ml Wasser mischen, aufkochen und durch ein Sieb streichen. Die unteren, beträufelten Böden mit Konfitüre einstreichen und jeweils den passenden Boden daraufsetzen. Den entsprechenden Backrahmen als Tortenring benutzen. Die zwei Böden (30 x 30) mit der Konfitüre zusammenkleben. Mit der oberen Tortenetage (20 x 20) genauso verfahren.

5. Die Backrahmen entfernen. Jede Torte (4 Schichten) auf eine Tortenplatte setzen und rundum dünn mit Konfitüre einstreichen. Das Marzipan 2–3 mm dick auf einer mit Puderzucker bestäubten Arbeitsplatte zu einem großen und einem kleineren Quadrat ausrollen (jeweils 5–6 cm größer als die Torte). Die Etagen damit überziehen. Den Marzipanmantel behutsam glatt streichen und andrücken.

6. Das überschüssige Marzipan mit einem scharfen Messer abschneiden. Die kleinere Torte vorsichtig auf die größere gleiten lassen und die Tortenplatte entfernen.

Tipp:

Backfertiges Marzipan ist sehr teuer. Als Alternative können Sie Marzipanrohmasse verwenden und diese mit Puderzucker im Verhältnis 2 : 1 verkneten (2 Teile Marzipanrohmasse und 1 Teil Puderzucker).

7. Das restliche Marzipan noch einmal verkneten und auf der Arbeitsplatte auf Puderzucker dünn ausrollen, dann mit einer Schablone oder einem entsprechenden Ausstecher viele Weinblätter ausschneiden. Das Eiweiß verquirlen und die Weinblätter damit auf die Torte kleben. Aus dem restlichen Marzipan Trauben, Feigen und Birnen formen, mit der passenden Lebensmittelfarbe färben und die Torte damit fertig dekorieren. Nach Belieben und nach Fertigkeiten kann auch ein kleines Obstkörbchen aus Marzipan hergestellt werden, das als abschließendes Element auf die Torte gesetzt wird.

Weihnachtliche
Sachertorte

Zutaten:

Für den Teig:
225 g weiche Butter
100 g Puderzucker
250 g Zartbitterschokolade
8 Eier
125 g Zucker

200 g Weizenmehl
60 g Mandeln, gemahlen
1 Prise Backpulver

Für die Füllung:
250 g Aprikosenkonfitüre

Zum Dekorieren:
250 g Schokoladenglasur, dunkel
Marzipansterne
goldene Zuckerperlen

Außerdem:
Butter und gemahlene Mandeln für die Form

Zubereitung:

1. Den Backofen auf 180 °C (Umluft 160 °C) vorheizen. Eine Springform (Ø 26 cm) einfetten, mit den Mandeln ausstreuen und kühl stellen. Alle Zutaten abmessen und bereitstellen. Für den Teig die Butter mit dem Puderzucker schaumig schlagen.

2. Die Schokolade hacken, im heißen Wasserbad schmelzen lassen, herausnehmen und leicht abkühlen lassen. Die Eier trennen. Nach und nach die Eigelbe und die geschmolzene Schokolade unter die Butter rühren. Die Eiweiße mit dem Zucker steif schlagen, dann vorsichtig unter die Schokoladenmasse heben. Das Mehl mit den Mandeln und dem Backpulver vermischen und ebenfalls unterheben. Den Teig in die Springform füllen und im Backofen ca. 1 Stunde backen. Herausnehmen, abkühlen lassen und aus der Form lösen.

3. Für die Füllung die Aprikosenkonfitüre erwärmen und durch ein Sieb streichen. Den Kuchen einmal waagerecht durchschneiden.

4. Die Torte mit der Hälfte der Aprikosenkonfitüre bestreichen und wieder zusammensetzen. Die Oberfläche der Torte mit der restlichen Konfitüre bestreichen.

5. Für den Guss die Schokoladenglasur im heißen Wasserbad schmelzen. Die Torte gleichmäßig mit dem Schokoladenguss überziehen und trocknen lassen. Nach Belieben mit Marzipansternen und goldenen Zuckerperlen verzieren.

Vanillemousse-Torte

mit karamellisierten Haselnüssen

Zutaten:

Für den Biskuit:
3 Eier
1 Prise Salz
1 EL Zitronensaft
80 g Zucker
1 Päckchen Vanillezucker
40 g Haselnüsse, gemahlen
40 g Weizenmehl

Für die Vanillemousse:
3 Blatt weiße Gelatine
½ Vanilleschote
2 EL Speisestärke
300 ml süße Sahne
300 ml Milch
3 EL Zucker
2 Eigelb

Zum Dekorieren:
150 ml süße Sahne
150 g weiße Kuvertüre
50 g Zucker
40 g Haselnusskerne

Außerdem:
Öl für die Alufolie und die Gabel

Zubereitung:

1. Den Backofen auf 180 °C (Umluft 160 °C) vorheizen. Den Boden einer Springform (Ø 20 cm) mit Backpapier auslegen.

2. Die Eier trennen. Die Eiweiße mit dem Salz, dem Zitronensaft und der Hälfte des Zuckers steif schlagen. Die Eigelbe mit dem restlichen Zucker und dem Vanillezucker im heißen Wasserbad schaumig schlagen. Die gemahlenen Nüsse und das Mehl unterheben. Den Eischnee unterziehen. Die Masse in die Form streichen und im Backofen auf der mittleren Schiebeleiste ca. 25 Minuten backen. Herausnehmen, aus der Form lösen und auskühlen lassen.

3. Für die Vanillemousse die Gelatine einweichen. Die Vanilleschote aufschneiden und das Mark herauskratzen. Die Speisestärke mit 100 ml Sahne, der Milch, dem Zucker, dem Vanillemark und den Eigelben verrühren, die Vanilleschote dazugeben und alles unter Rühren aufkochen, bis die Masse bindet. Durch ein Sieb in eine Schüssel geben. Die Gelatine ausdrücken und in der heißen Masse auflösen. Die Masse kalt stellen, bis sie fest zu werden beginnt. Dann 200 ml Sahne steif schlagen und unterziehen.

4. Den Boden zweimal waagerecht durchschneiden. Einen Boden mit einem Tortenring (Ø 20 cm) versehen und mit ⅓ der Creme bestreichen. Den zweiten Boden darauflegen, wieder mit Creme bestreichen und mit dem dritten Boden abschließen. Die Torte mindestens 3 Stunden kalt stellen.

5. Die Torte aus dem Tortenring lösen. 150 ml Sahne schlagen und die Oberfläche etwa 2 cm hoch damit bestreichen. Auf den Tortenrand nur dünn Sahne auftragen.

6. Die Kuvertüre hacken und im heißen Wasserbad schmelzen. Dann in eine Spritztüte aus Pergamentpapier füllen und auf einen Streifen Alufolie (ca. 8 cm hoch und 62 cm lang) ein unregelmäßiges Gittermuster spritzen. Die Kuvertüre leicht anziehen lassen, danach den Streifen um die Torte legen (Folie nach außen) und leicht an die Sahne drücken. Das Ganze mit einem Tortenring fixieren und kalt stellen.

7. Den Zucker hellbraun karamellisieren. Die Nüsse dazugeben und im Zucker hin- und herbewegen, bis sie gut mit Karamell umhüllt sind. Ein Stück Alufolie einölen, die Nüsse daraufgeben und mit einer in Öl getauchten Gabel separieren, damit sie nicht zusammenkleben. Auskühlen lassen und als Verzierung auf die Torte legen. Vor dem Servieren die Folie vorsichtig vom Schokomantel abziehen.

Weihnachtliche
Mascarpone-Torte

Zutaten:

Für den Teig:
150 g weiche Butter
100 g Zucker
1 Päckchen Vanillezucker
1 Prise Salz
1 Msp. Zimt
3 Eier
200 g Weizenmehl, z. B. Aurora
    Sonnenstern-Mehl
½ Päckchen Backpulver
75 ml Milch
50 g Zartbitterkuvertüre

50 g Haselnüsse (25 g fein gemahlen,
    25 g gehackt)

Für die Füllung:
3 Blatt weiße Gelatine
2 EL Zucker
1 Päckchen Vanillezucker
20 ml Amaretto
250 g Mascarpone
1 Msp. Lebkuchengewürz
400 ml süße Sahne

Zum Tränken:
40 ml starker Espresso
20 ml Amaretto

Zum Dekorieren:
75 g Zartbitterkuvertüre
2 EL Puderzucker
1 EL Kakaopulver

Außerdem:
Butter und Mehl für die Form

Zubereitung:

1. Für den Teig die Butter mit dem Zucker, dem Vanillezucker, dem Salz und dem Zimt schaumig rühren. Die Eier nach und nach unterrühren. Das Mehl und das Backpulver vermischen und sieben. Den Backofen auf 180 °C (Umluft 160 °C) vorheizen.

2. Die Mehlmischung und die Milch unterrühren. Zum Schluss die Kuvertüre hacken und mit den gemahlenen und gehackten Nüssen unterziehen. Eine Springform (Ø 26 cm) einfetten und mit Mehl ausstreuen. Den Teig einfüllen und glatt streichen. Im Backofen 30–35 Minuten auf der mittleren Schiebeleiste backen.

3. Den Tortenboden auskühlen lassen. Für die Füllung die Gelatine in wenig kaltem Wasser einweichen und dann nach Packungsanweisung auflösen. Den Zucker und den Vanillezucker mit dem Amaretto in eine Schüssel geben. Die Gelatine unterrühren. Den Mascarpone und das Lebkuchengewürz dazugeben und verrühren. Die Sahne steif schlagen und vorsichtig unterziehen.

4. Den Tortenboden waagerecht durchschneiden. Den Espresso mit dem Amaretto mischen und einen Boden mit der Hälfte der Flüssigkeit tränken. Die Hälfte der Füllung mit einem Löffel auf dem getränkten Boden verteilen, mit dem zweiten Boden abdecken und auch diesen tränken. Die restliche Füllung darauf verteilen.

5. Für die Dekoration die Kuvertüre im Wasserbad schmelzen, auf Backpapier gießen und dünn verstreichen. Etwas abkühlen lassen. Nach Wunsch weihnachtliche Motive (z. B. Sterne) aus der Kuvertüre ausstechen und auf der Torte verteilen. Den Puderzucker mit dem Kakao vermischen und die Torte damit bestäuben.

Festliche *Nusstorte*

Zutaten:

Für den Boden (Wiener Masse):
90 g Butter
6 Eier
175 g Zucker
150 g Weizenmehl
100 g Haselnüsse, gemahlen

Für die Creme:
100 g Vollmilchschokolade
75 g Nugat
300 ml süße Sahne

Außerdem:
Nusslikör nach Belieben
400 g Marzipanrohmasse
100 g Puderzucker
Puderzucker zum Bestäuben
100 ml süße Sahne
Haselnüsse zum Garnieren

Zubereitung:

1. Den Backofen auf 180 °C (Umluft 160 °C) vorheizen. Die Butter in einem kleinen Topf sanft schmelzen. Das Eigelb und das Eiweiß trennen und in zwei Rührschüsseln geben. Die Eigelbe und den Zucker mischen und mit dem Handrührgerät weiß-cremig schlagen. Das Mehl darübersieben, dabei noch nicht rühren! Die flüssige, lauwarme Butter hinzufügen. Das Eiweiß zu steifem Schnee schlagen. ⅓ des Eischnees zusammen mit den Haselnüssen vorsichtig unter die Eiercreme rühren. Den restlichen Eischnee auf die aufgelockerte Masse geben und unterheben. Alles vorsichtig mischen.

2. Eine Springform (Ø 26 cm) mit Butter einfetten. Die Masse einfüllen und glatt streichen. Im Backofen in 35–40 Minuten goldbraun backen, dann auf ein Kuchengitter stürzen und auskühlen lassen.

3. Für die Creme die Schokolade hacken und den Nugat in Stücke schneiden. 100 ml Sahne aufkochen, über die Schokolade und den Nugat geben und diese unter Rühren schmelzen lassen. Die Masse 4 Stunden ruhen lassen.

4. Anschließend den Boden waagerecht durchschneiden und beide Hälften mit dem Nusslikör beträufeln. Die restliche Sahne steif schlagen und unter die Creme heben. Die Hälfte der Creme auf dem unteren Boden verstreichen und den zweiten Boden darauflegen. Mit der restlichen Creme überziehen.

5. Das Marzipan mit dem Puderzucker verkneten und auf einer mit Puderzucker bestäubten Arbeitsfläche rund ausrollen (2–3 mm dick), dann locker wie eine Tischdecke über die Torte legen (nicht andrücken) und das überschüssige Marzipan wegschneiden. 100 ml Sahne schlagen, in einen Spritzbeutel füllen und damit Tupfen auf die Torte spritzen. In die Sahnetupfen Haselnüsse setzen und servieren.

Tipps:

Marzipanrohmasse lässt sich leichter ausrollen, wenn sie zwischen zwei Frischhaltefolien gelegt wird. So klebt sie weder an der Arbeitsfläche noch an der Teigrolle fest.

Besonders aromatisch wird die Torte, wenn Sie die Haselnüsse vor dem Mahlen rösten. Dafür geben Sie die Nüsse bei 200 °C (Umluft 180 °C) in den Backofen, bis sie leicht braun werden und die Haut abspringt. Nach dem Abkühlen lässt sich die Haut ganz leicht entfernen.

Tiramisu-Torte

Zutaten:

Für den Biskuit:
6 Eier
180 g Zucker
1 Päckchen Vanillezucker
120 g Weizenmehl
80 g Speisestärke

Für die Creme:
10 Blatt weiße Gelatine
1 Vanilleschote
5 Eigelb
100 g Puderzucker
4 cl Rum
2 EL Zitronensaft
700 g Mascarpone
300 ml süße Sahne
2 Päckchen Vanillezucker

Zum Tränken:
60 ml Amaretto
2 Tässchen Espresso

Außerdem:
Kakaopulver zum Bestäuben

Zubereitung:

1. Den Backofen auf 180 °C (Umluft 160 °C) vorheizen. Den Boden einer Springform (Ø 26 cm) einfetten. Die Eier trennen. Die Eigelbe mit der Hälfte des Zuckers und dem Vanillezucker schaumig rühren. Die Eiweiße zu Eischnee schlagen. Bevor er ganz steif wird, den restlichen Zucker einrieseln lassen. Weiterrühren, bis der Eischnee ganz steif ist. Den Eischnee mit einem Rührlöffel unter die Eigelbmasse heben. Das Mehl mit der Speisestärke mischen, über die Eimasse sieben und unterheben.

2. Den Teig in die Springform geben, glatt streichen und im Backofen auf der mittleren Schiebeleiste 25–30 Minuten backen. Den fertigen Boden herausnehmen, leicht abkühlen lassen und dann vorsichtig mit einem dünnen Messer vom Rand der Springform lösen. Den Boden auf ein Kuchengitter stürzen und erkalten lassen. Vor dem Weiterverarbeiten mindestens 2 Stunden ruhen lassen.

3. Die Gelatine in kaltem Wasser einweichen. Den Biskuitboden waagerecht dreimal durchschneiden. Den Amaretto mit dem Espresso verrühren und die Böden damit beträufeln. Das Mark der Vanilleschote auskratzen. Die Eigelbe mit dem Vanillemark und dem Puderzucker im heißen Wasserbad (75 °C) weiß-schaumig schlagen. Den Rum mit dem Zitronensaft leicht erwärmen. Die Gelatine gut ausdrücken und darin auflösen. Die Mischung unter die Eigelbcreme ziehen. Die Masse schlagen und den Mascarpone unterrühren. Die Sahne mit dem Vanillezucker steif schlagen und unterheben, sobald die Masse zu gelieren beginnt.

4. Einen Tortenring um einen Biskuitboden legen, ¼ der Mascarponecreme darauf verteilen und glatt streichen. Den zweiten Boden darauflegen, leicht andrücken und mit dem nächsten ¼ bestreichen. Den dritten Boden darauflegen und genauso verfahren. Dann mit dem letzten Boden abschließen und die Torte mit dem Rest der Creme überziehen. Die Tiramisu-Torte 4–5 Stunden kaltstellen. Zum Servieren mit etwas Kakao bestäuben, den Tortenring entfernen und kalt servieren.

Achtung!

Verwenden Sie für die Torte stets frische Zutaten und insbesondere frische Eier!

Weihnachtstorte

mit Punschkirschen

Zutaten:

Für den Biskuit:
4 Eier
200 g Zucker
1 Päckchen Vanillezucker
1 Päckchen Lebkuchengewürz
abgeriebene Schale von 1 Zitrone, unbehandelt
1 Prise Salz
200 g Weizenmehl, z. B. Aurora Sonnenstern-Mehl

Für die Füllung:
1 Glas Schattenmorellen (720 ml)
125 ml Rotwein
30 g Zucker
2 Beutel Glühweingewürzmischung, z. B. Glühfix von Teekanne
40 g Speisestärke
300 ml süße Sahne
1 Päckchen Sahnesteif

Zum Dekorieren:
500 g Marzipanrohmasse
250 g Puderzucker
2 TL Kakaopulver

Zubereitung:

1. Für den Teig die Eier trennen. Die Eigelbe mit 100 g Zucker dickcremig aufschlagen. Den Vanillezucker, das Lebkuchengewürz, die Zitronenschale und das Salz unterrühren. Die Eiweiße mit dem restlichen Zucker steif schlagen. Den Backofen auf 175 °C (Umluft 155 °C) vorheizen.

2. Den Eischnee und das gesiebte Mehl vorsichtig unter die Eigelbcreme heben. Den Teig in eine nur am Boden mit Backpapier ausgelegte Springform füllen. Im Backofen auf der 2. Schiebeleiste von unten 40–45 Minuten backen. Den Tortenboden auskühlen lassen und zweimal waagerecht durchschneiden.

3. Für die Füllung die Schattenmorellen abtropfen lassen, dabei den Saft auffangen. 175 ml Kirschsaft abmessen und mit dem Rotwein, dem Zucker und dem Glühweingewürz erhitzen. Ca. 10 Minuten ziehen lassen.

4. Das Glühweingewürz herausnehmen und die Flüssigkeit aufkochen lassen. Die Stärke mit 4 EL Kirschsaft glatt rühren und den Punsch damit binden.

5. Die Kirschen unterheben und abkühlen lassen. Die Sahne mit dem Sahnesteif steif schlagen. Um den unteren Teigboden einen Tortenring legen. Das Kirschkompott darauf verteilen und glatt streichen.

6. Den zweiten Teigboden daraufsetzen und mit Sahne bestreichen. Den dritten Teigboden daraufsetzen und die Torte ca. 1 Stunde kalt stellen. Den Tortenring entfernen.

7. Für die Verzierung die Marzipanrohmasse mit dem Puderzucker verkneten, 1 TL Puderzucker dabei zurückbehalten. 200 g des Marzipans mit 1 TL Kakao verkneten, ausrollen und Sterne in verschiedenen Größen ausstechen. Die Sterne mit dem restlichen Kakao bestäuben. Die helle Marzipanmasse dünn ausrollen und die gesamte Torte damit bedecken. Aus der restlichen hellen Marzipanmasse ebenfalls Sterne ausstechen und mit dem zurückbehaltenen Puderzucker bestäuben.

8. Die Torte mit den hellen und den dunklen Sternen verzieren und den Rand nach Wunsch mit einem dunklen Marzipanband verzieren.

Register

© 2013 design cat GmbH
Genehmigte Lizenzausgabe
EDITION XXL GmbH
Fränkisch-Crumbach 2014
www.edition-xxl.de

Idee und Projektleitung: Sonja Sammüller
Layout, Satz und Umschlaggestaltung:
design cat GmbH

ISBN (13) 978-3-89736-172-0
ISBN (10)   3-89736-172-8

Bildnachweis

Wir danken folgenden Firmen für ihre freundliche
Unterstützung:
Aurora: 88–89, 94–95
The Food Professionals Köhnen AG, Sprockhövel
– Café Condito 44
Unilever Deutschland GmbH, Hamburg
– Rama 29

picture-alliance: StockFood/Arras, Klaus 50;
StockFood/Brauner, M. 5; StockFood/CIROWO
Cover back, 14–15, 57, 61, 65, 80, 86–87; Stock-
Food/Ditter, Michael 10; StockFood/Eising Stu-
dio - Food Photo & Video Cover back, 27, 37, 45,
51, 59; StockFood/Ellert, L. 84, 85; StockFood/
Feiler Fotodesign 16–17, 18–19, 36; StockFood/
Grablewski, Alexandra 4; StockFood/Hildebrandt,
Esther 32–34; StockFood/Holsten, Ulrike Cover
back, 31, 60, 73; StockFood/Holz, Jürgen 41;
StockFood/Kaktusfactory, Ninprapha Lippert 21;
StockFood/Keller & Keller Photography 83;
StockFood/King, Dave 79; StockFood/Kirchherr,
Jo Cover back, 30, 48, 53, 81, 92–93; StockFood/
Mewes, Kai 76–77; StockFood/Newedel, Karl Co-
ver back 40, 42–43, 46, 62–63; StockFood/Pouset-
te, Ulrika 75; StockFood/Rees, Peter 34–35, 67;
StockFood/Rua Castilho 23; StockFood/Teubner
Foodfoto GmbH 28, 59, 68; StockFood/Timmann,
Claudia 38, 91; StockFood/Wieder, Frank 24, 25;
StockFood/Winter, Tim Cover front, 54; Stock-
Food/Zogbaum, Armin 78

Shutterstock: 6493866629 6; Birgit Reitz-Hof-
mann 6; Catherinecml 6–7, 19, 23, 24, 39, 40, 47,
49, 52, 54–55, 64, 69, 72, 74, 76, 80, 83, 90, 93;
endeavor 6, 10; Foodpictures 8; hoverfly 5, 7, 9,
11, 13, 15, 17, 19, 21, 23, 25, 27, 29, 31, 33, 35, 37,
39, 41, 43, 45, 47, 49, 51, 53, 55, 57, 59, 61, 63, 65,
67, 69, 71, 73, 75, 77, 79, 81, 83, 85, 87, 89, 91, 93,
95; Igorij 5, 7, 9, 11, 13, 15, 17, 19, 21, 23, 25, 27,
29, 31, 33, 35, 37, 39, 41, 43, 45, 47, 49, 51, 53, 55,
57, 59, 61, 63, 65, 67, 69, 71, 73, 75, 77, 79, 81, 83,
85, 87, 89, 91, 93, 95; JM-Design 6; Kzenon 3;
Monkey Business Images 7; M. Unal Ozmen 10;
Ozerina Anna 2–15, 17, 19, 21, 23, 24, 25, 27, 28,
29, 30, 31, 33, 35, 36, 37, 38, 40, 41, 43, 44, 45, 46,
48, 50, 51, 53, 54, 57, 59, 60, 61, 63, 64–65, 67,
68, 70–71, 73, 75, 76, 78, 79, 80, 81, 85, 87, 89, 91,
92, 95; Renata Novackova 15, 16, 19, 21, 23, 24,
25, 27, 28, 29, 30, 31, 32, 34, 36, 37, 38, 40, 41, 42,
44, 45, 46, 48, 50, 51, 53, 54, 57, 59, 60, 61, 62, 65,
67, 68, 70, 73, 75, 76, 78, 79, 80, 81, 83, 84, 87, 89,
91, 92, 95; Shebeko 10; WimL 12

Alle weiteren Fotos design cat GmbH